beginner's
GERMAN
grammar

Susan Ashworth-Fiedler

TEACH YOURSELF BOOKS

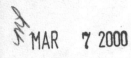
For UK order queries: please contact Bookpoint Ltd, 39 Milton Park, Abingdon, Oxon
OX14 4TD. Telephone: (44) 01235 400414, Fax: (44) 01235 400454. Lines are open from
9.00–6.00, Monday to Saturday, with a 24-hour message answering service.
Email address: orders@bookpoint.co.uk

For U.S.A. & Canada order queries: please contact NTC/Contemporary Publishing, 4255
West Touhy Avenue, Lincolnwood, Illinois 60646–1975, U.S.A. Telephone: (847) 679 5500,
Fax: (847) 679 2494.

Long renowned as the authoritative source for self-guided learning – with more than 30
million copies sold worldwide – the *Teach Yourself* series includes over 200 titles in the
fields of languages, crafts, hobbies, and other leisure activities.

British Library Cataloguing in Publication Data
A catalogue entry for this title is available from The British Library.

Library of Congress Catalog Card Number: On file.

First published in UK 1999 by Hodder Headline Plc, 338 Euston Road, London, NW1 3BH.

First published in US 1999 by NTC/Contemporary Publishing, 4255 West Touhy Avenue,
Lincolnwood (Chicago), Illinois 60646–1975, U.S.A.

The 'Teach Yourself' name and logo are registered trade marks of Hodder & Stoughton Ltd.

Typeset by Transet Limited, Coventry, England.
Printed in Great Britain for Hodder & Stoughton Educational, a division of Hodder
Headline Plc, 338 Euston Road, London NW1 3BH by Cox & Wyman Ltd, Reading,
Berkshire.

Impression number   10 9 8 7 6 5 4 3 2 1
Year   2004 2003 2002 2001 2000 1999

CONTENTS

INTRODUCTION

Teach Yourself Beginner's German Grammar is a reference and practice book in one. It is intended for learners with very little German, but will also be useful for anyone who feels they need more explanation and practice of basic German grammar. The explanations are clear and simple, and answers to the exercises are provided in the key at the end, making it an ideal book for self-study.

The book is divided into sections (verbs, nouns, adjectives, etc.) which are made up of two-page units. Each unit focuses on a particular grammar point. The left-hand page introduces the grammar with clear explanations and examples. The practice exercises and activities are on the right-hand page. The answers to all the exercises are in the key at the back of the book. At the end of most units you will find cross-references to other units on the same or related subjects.

How to use this book

Decide which grammar point you are going to practise; you need not work through the book from beginning to end. Select the units on grammar items you have found difficult while using the language, or units which supplement the material in the coursebook you are working with. You will find all the grammar points listed in the contents and/or the index.

Certain changes to German spelling and punctuation were introduced in 1998. *Teach Yourself Beginner's German Grammar* has been written according to the new rules.

Abbreviations used in this book

nom.	nominative	*m./masc.*	masculine
acc.	accusative	*f./fem.*	feminine
gen.	genitive	*nt.*	neuter
dat.	dative	*pl.*	plural

1 UNIT | Nouns and articles

A In German, nouns are divided into three groups knowns as *genders*: masculine, feminine or neuter. Each group has a different word for *the*: **der**, **die** or **das**.

masculine	**der Computer** (*the computer*)
feminine	**die Lampe** (*the lamp*)
neuter	**das Büro** (*the office*)

The is known as the definite article.

B All nouns start with a capital letter in German.

    das Buch (*the book*), der Hund (*the dog*)

C It is easy to work out the gender of some words: male persons are masculine: **der Junge** (the boy) and female persons are feminine: **die Frau** (*the woman*).

If you do not know the gender of a noun, you can look it up in a dictionary. The gender of each noun appears after the word. Note that the abbreviations *m.* (masculine), *f.* (feminine) and *nt.* (neuter) are usually used.

    Küche (f.) (*kitchen*) → **die** Küche
    Garten (m.) (*garden*) → **der** Garten
    Wohnzimmer (nt.) (*living room*) → **das** Wohnzimmer

D In German, there are also three genders of *a(n)*; **ein**, **eine** and **ein**, known as the indefinite article.

masculine	**ein Bahnhof** (*a railway station*)
feminine	**eine Post** (*a post office*)
neuter	**ein Museum** (*a museum*)

masculine	feminine	neuter	
der	**die**	**das**	*the*
ein	**eine**	**ein**	*a(n)*

UNIT 1 Nouns and articles – Exercises

1 Underline all the nouns in this letter.

> Hamburg, den 11. September
>
> Liebe Daniela,
>
> Wir haben jetzt eine Wohnung in Hamburg. Die Wohnung hat
> fünf Zimmer. Ich habe einen Hund gekauft! Er heißt Willi und
> spielt gern im Garten.
> Ich arbeite in einem Büro im Stadtzentrum. Jeden Morgen fahre ich
> mit dem Zug in die Stadt.
>
> Schöne Grüße,
> Nina

2 Say whether these nouns are masculine (*der*), feminine (*die*) or neuter (*das*).

E.g. Haus → das Haus
a Junge
b Lampe
c Garten
d Küche
e Museum
f Post
g Büro
h Wohnzimmer
i Computer
j Frau
k Bahnhof

3 Put in the correct indefinite article (*ein, eine* or *ein*) in front of each noun.

E.g. Tankstelle (f.) → eine Tankstelle
a Hotel (nt.)
b Kirche (f.)
c Supermarkt (m.)
d Krankenhaus (nt.)
e Bäckerei (f.)
f Theater (nt.)

2 UNIT | Gender of nouns

A The following endings usually indicate masculine nouns which take **der/ein**:

-er	der Wecker (*alarm clock*)
-ch	der Teppich (*carpet*)
-ling	der Frühling (*spring*)
-iker	der Informatiker (*computer scientist*)
-ig	der König (*king*)
-or	der Motor (*engine*)

B The following endings usually indicate feminine nouns which take **die/eine**:

-age	die Garage (*garage*)
-e	die Woche (*week*)
-ette	die Toilette (*toilet*)
-heit	die Gesundheit (*health*)
-ik	die Politik (*politics*)
-ei	die Metzgerei (*butcher's*)
-ion	die Religion (*religion*)
-keit	die Schwierigkeit (*difficulty*)
-schaft	die Freundschaft (*friendship*)
-ung	die Wohnung (*apartment*)
-in	die Floristin (*female florist*).

⚠ **-in** is often added to the masculine form for female job titles and nationalities.

der Lehrer (*male teacher*) → die Lehrerin (*female teacher*)
der Schweizer (*Swiss man*) → die Schweizerin (*Swiss woman*)

C The following endings usually indicate neuter nouns which take **das/ein**:

-chen	das Mädchen (*girl*)
-lein	das Fräulein (*Miss*)
-ma	das Thema (*theme, topic*)
-ment	das Dokument (*document*)
-o	das Kino (*cinema*)
-um	das Zentrum (*centre*)

► See also Weak nouns in Unit 17 and Nationalities in Unit 9.

2 UNIT Gender of nouns – Exercises

1 Add the definite article *der* (m.), *die* (f.) or *das* (nt.) then underline the odd one out in each group.

E.g. _____ Wecker, _____ Teppich, _____ Wohnung, _____ Fernseher → der Wecker, der Teppich, <u>die Wohnung</u>, der Fernseher

a _____ Zentrum, _____ Auto, _____ Dokument, _____ Motor

b _____ Datum, _____ Mädchen, _____ Karte, _____ Museum

c _____ Büro, _____ Ordner, _____ Informatiker, _____ Computer

d _____ König, _____ Tante, _____ Studentin, _____ Königin

2 Add the correct article (*ein, eine* or *ein*) in front of each noun and write down the English meaning for each word.

E.g. _____ Pullover → ein Pullover (*a pullover*)

a _____ Bäckerei   f _____ Garage

b _____ Album   g _____ Freundschaft

c _____ Kino   h _____ Zentrum

d _____ Woche   i _____ Religion

e _____ Radio   j _____ Wohnung

3 Match the words from the box to the pictures and add the correct definite article (*der, die* or *das*).

| Wecker | ~~Lampe~~ | Waschmaschine | Auto | Teppich | Toilette |

<u>die Lampe</u>

_____

_____

_____   _____   _____

3 UNIT | Word groups (1)

Certain groups of words have the same gender. For example, days of the week are all masculine and most place names are neuter.

A The following groups of nouns are all masculine and take **der/ein**.

- male persons
  der Junge (*boy*); der Arzt (*doctor*);
  der Italiener (*Italian*)
- large male animals
  der Bär (*bear*)
- days
  der Montag (*Monday*)
- months
  der Juni (*June*)

- seasons
  der Sommer (*summer*)
- points of the compass
  der Süden (*south*)
- alcoholic drinks
  der Wein (*wine*)
- makes of cars
  der Mercedes (*Mercedes*)

⚠ Exceptions are **das Baby** (*baby*), **das Bier** (*beer*)

B The following groups are usually neuter and take **das/ein**.

- young persons
  das Baby (*baby*)
- young animals
  das Küken (*chicken*)
- place names
  das Berlin (*Berlin*)
- continents
  das Europa (*Europe*)
- countries
  das Deutschland (*Germany*)

- cinema names
  das Astoria (*Astoria*)
- hotel names
  das Columbi (*Columbi*)
- metals
  das Silber (*silver*)
- materials
  das Holz (*wood*)

⚠ Exceptions are **die Schweiz** (*Switzerland*), **die Vereinigten Staaten** (*the United States*), **die Türkei** (*Turkey*), **die Bronze** (*bronze*).

➤ See also Word groups (2) in Unit 4 and Nationalities in Unit 9.

1 Find two nouns for each group and write the article for each.

E.g. Large animals → der Bär, der Tiger

Wein	~~Tiger~~	Italiener	Montag	Holz	Februar	Süden
Arzt	Samstag	Schnaps	November	Silber	~~Bär~~	Norden

a alcoholic drinks
b days of the week
c materials
d points of the compass
e male persons
f months

2 One of the nouns in each of the following groups has a different gender. Put in the genders of the nouns and underline the odd one out.

E.g. _____ Westen, _____ Küken, _____ Sommer →
der Westen, <u>das Küken</u>, der Sommer

a _____ Wein, _____ Bier, _____ Whisky
b _____ Junge, _____ Mann, _____ Baby
c _____ Küken, _____ Bär, _____ Lamm
d _____ Gold, _____ Silber, _____ Bronze

3 Fill in the indefinite article (*ein*) and indicate whether the noun is masculine (m.) or neuter (nt.).

E.g. Direktor → ein Direktor (*m.*)
a Elefant
b Arzt
c Wein
d Bier
e Winter
f Baby

4 UNIT | Word groups (2)

Certain groups of nouns are feminine (die) words. In German, there is a feminine form for job titles, nationalities and animals.

A The following groups are usually feminine and take die/eine.

- female persons
  die Mutter (*mother*)
- small animals
  die Ente (*duck*)
- flowers
  die Tulpe (*tulip*)
- trees.
  die Tanne (*fir*)
- rivers
  die Themse (*Thames*)
- numerals
  die Eins (*one*)
- ships
  die Titanic (*Titanic*)
- planes
  die Concorde (*Concorde*)

⚠ Exceptions are nouns ending in **-chen + -lein**: **das Mädche**n (*girl*), **das Fräulein** (*Miss, young woman*) and some rivers: **der Rhein** (*Rhine*), **der Main** (*Main*).

B The feminine form of job titles, nationalities and some female animals is formed by adding **-in** ending to the masculine form of the noun. If the masculine noun ends in **-e**, take off the final **-e**. An umlaut is usually added to the vowel (**ä, ö, ü**) if there isn't one already.

der Arzt → **die** Ärzt**in**	(*the male/female doctor*)
der Lehrer → **die** Lehrer**in**	(*the teacher*)
der Schotte → **die** Schott**in**	(*the Scotsman/woman*)
der Engländer → **die** Engländer**in**	(*the Englishman/woman*)
der Löwe → **die** Löw**in**	(*the lion/lioness*)

⚠ Not all female equivalents are formed in this way.
der Geschäftsmann → **die** Geschäfts**frau** (*businessman/woman*)

➤ *See also Unit 9, Nationalities.*

4 UNIT Word groups (2) – Exercises

1 **All of these words except three are feminine. Add the genders to find which are the three exceptions.**

a Titanic
b Löwin
c Mutter
d Themse
e Tanne
f Drei
g Mädchen
h Rhein
i Fräulein
j Ente

2 **Give the opposite gender form of these nationalities and put in the correct article.**

E.g. Schottin → der Schotte
a Spanierin
b Französin
c Italiener
d Engländerin
e Norweger
f Amerikanerin
g Grieche

3 **What is the feminine form of these professions?**

E.g. der Tierarzt → die Tierärztin
a der Arzt
b der Polizist
c der Zahnarzt
d der Koch
e der Architekt
f der Geschäftsmann
g der Lehrer

5 UNIT | Compound nouns

Compound nouns are made up of several words which are written as one word.

A Compound nouns are words formed by joining two or more nouns together.

das **Auto** (*car*) + die **Bahn** (*track*) → die **Autobahn** (*motorway*)
der **Markt** (*market*) + der **Platz** (*square*) → der **Marktplatz** (*market square*)

B The compound noun takes its gender from the last part of the word.

das Taxi + **der** Fahrer → **der** Taxifahrer (*taxi driver*)
der Kaffee + **die** Kanne → **die** Kaffeekanne (*coffeepot*)
der Kopf + **das** Kissen → **das** Kopfkissen (*pillow*)

C You sometimes need to add an extra letter to the end of the first noun when joining two nouns together.

When the first word ends in **-e** you usually add an extra **-n**.

die Blume + das Geschäft → das Blum**e**ngeschäft (*flower shop*)
die Woche + das Ende → das Woch**e**nende (*weekend*)

Some nouns are formed by adding another word at the front. This word is known as a prefix.

For example the prefix **Haupt** means *main*.

der Bahnhof (*station*) → der **Haupt**bahnhof (*main station*)
die Stadt (*town, city*) → die **Haupt**stadt (*capital city*)
die Post (post office) → die **Haupt**post (*main post office*)

D Some nouns add another word at the end. This word is known as a suffix.

For example, the suffix **-ei** is used with feminine nouns for places of work.

der Bäcker (*baker*) → **die** Bäcker**ei** (*baker's*)
der Metzger (*butcher*) → **die** Metzger**ei** (*butcher's*)
der Konditor (*pastry-cook*) → **die** Konditor**ei** (*cake shop*)

5 UNIT | Compound nouns – Exercises

1 Build new words and add the correct article (*der*, *die* or *das*).

E.g. **das Bier + der Garten → der Biergarten**

a die Stadt + der Plan
b das Telefon + das Buch
c der Kaffee + die Maschine
d der Fußball + das Stadion
e der Tee + die Kanne
f das Gold + der Fisch
g die Tomate + die Suppe
h die Schokolade + das Eis

2 Name each place by finding the correct pair of nouns and making a compound noun.

die Reise/das Büro   der Bus/der Bahnhof
der Rat/das Haus   der Schuh/das Geschäft
die Kinder/der Spielplatz   die Halle/das Bad

E.g.

das Rathaus

a

b

c

d

e

11

6 UNIT | Abbreviations, two genders

> *Abbreviations are short forms for names, titles, etc., such as der ADAC. Some nouns have more than one gender, e.g. der/das Curry.*

A Abbreviations take their gender from the main word.

die SPD →	die Sozialdemokratische Partei Deutschlands
	(*the Social Democratic Party of Germany*)
die CDU →	die Christliche Demokratische Union
	(*the Christian Democrat Union*)
der ADAC →	der Allgemeine Deutsche Automobil-Club
	(*the General German Automobile Club*)

B Some nouns have more than one gender but their meanings stay the same.

der/das Curry (*curry*)
der/das Bonbon (*sweet*)
der/das Cartoon (*cartoon*)
der/das Joghurt (*yoghurt*)
der/das Keks (*biscuit*)
der/das Liter (*litre*)

C Some nouns have different genders for different meanings.

E.g. **der** See (*lake*) **die** See (*sea*)

der Band (*volume/book*)	**die** Band (*band, pop group*)	**das** Band (*ribbon, tape*)
das Golf (*golf*)	**der** Golf (*Gulf*)	
der Leiter (*leader*)	**die** Leiter (*ladder*)	
der Messer (*gauge*)	**das** Messer (*knife*)	
der Pony (*fringe (hair)*)	**das** Pony (*pony*)	
die Steuer (*tax*)	**das** Steuer (*steering wheel*)	

1 Match each word to a picture and add the correct article.

| Band | ~~See~~ | Golf | Leiter | Keks | Pony | Messer |

E.g.

der See

a

b

c

d

e

f

2 Add the correct article(s).

E.g. _____ Cartoon → der/das Cartoon

a _____ SPD

b _____ Bonbon

c _____ CDU

d _____ Curry

3 Translate these words into German.

E.g. *the tax* → die Steuer

a the ribbon
b the yoghurt
c the sea

d the leader
e the steering wheel

13

7 UNIT | Plural of nouns (1)

When you talk about more than one thing, you use the plural. In German, there are several different plural forms for nouns.

A
der Schuh → **die** Schuh**e**	(*the shoes*)
der Mann → **zwei** Männ**er**	(*two men*)

B The plural form of **der**, **die** and **das** is **die**.

der Finger → **die** Finger	(*the fingers*)
die Torte → **die** Torten	(*the cakes*)
das Haus → **die** Häuser	(*the houses*)

C The vowel sometimes takes an umlaut in the plural (**ä, ö, ü**).

der Zahn → die Zähne	(*the teeth*)
der Baum → die Bäume	(*the trees*)
der Nuss → die Nüsse	(*the nuts*)
der Koch → die Köche	(*the chefs*)

D If you do not know the plural of a noun, you can look in a dictionary.
The plural form is given after the noun and gender.
Hund (m.) (-e) → der Hund → die Hunde (*the dogs*)
Dorf (nt.) (¨er) → das Dorf → die Dörfer (*the villages*)

Here are some guidelines for the plural endings of masculine nouns.

	plural ending	singular	plural	meaning
Many nouns add	-e	der Tag	die Tage	days
Some nouns add	¨e	der Sohn	die Söhne	sons
Some nouns add	-en	der Mensch	die Menschen	people
Some nouns add	¨er	der Mann	die Männer	men
nouns ending in:				
-er, -el, -en	–	der Kellner	die Kellner	waiters

14   ➤ *Unit 8, Plural of Nouns (2) for the plural of feminine and neuter nouns.*

7 UNIT Plural of nouns (1) – Exercises

1 **Write the nouns out in the plural form by using the endings in brackets.**

E.g. der Tisch (-e) → die Tische

a der Fisch (-e)
b der Pullover (–)
c der Bruder (⸚)
d der Student (-en)
e der See (-n)
f der Monat (-e)
g der Kuchen (–)

2 **Are the nouns in the singular or plural? Underline the correct form of the verb.**

E.g. Die Hunde spielt/<u>spielen</u>.

a Die Männer wohnen/wohnt in Hildesheim.
b Der Kellner arbeitet/arbeiten im Landhaus Restaurant.
c Die Schuhe ist/sind rot.
d Die Bücher liegt/liegen auf dem Tisch.

3 **Match up each noun with a suitable plural**

⸚e	⸚er	⸚e	–	⸚er	⸚e

E.g. der Baum → die Bäume

a der Mann_____
b das Buch _____
c der Nuss _____
d der Zahn _____
e der Ordner _____

4 **Write these nouns in the plural.**

E.g. der Mann → die Männer

a der Finger _____
b der Tag _____
c der Sohn _____
d der Hund_____
e der Mensch_____
f der Schuh _____

15

8 UNIT | Plural nouns (2)

Feminine nouns (die words) and neuter nouns (das words) form their plurals in various ways.

A die Tomate **die** Tomaten   das Bild   **die** Bilder
              tomatoes   *pictures*

B Here are some guidelines for the plural endings of feminine nouns.

	plural ending	singular	plural	meaning
Most nouns	**-en**	die Frau	die Frauen	*women*
Some nouns	**¨e**	die Hand	die Hände	*hands*
Nouns ending in **-e**	**-n**	die Straße	die Straßen	*streets*
Job titles	**-nen**	die Lehrerin	die Lehrerinnen	*teachers*
Nationalities	**-nen**	die Spanierin	die Spanierinnen	*Spanish women*

C Here are some guidelines for the plural endings of neuter nouns.

	plural ending	singular	plural	meaning
Many nouns	**-e**	das Bein	die Beine	*legs*
Some nouns	**¨er**	das Bad	die Bäder	*baths*
Nouns ending in **-chen, -lein**	**–**	das Mädchen	die Mädchen	*girls*

D Other plural forms include names of families, which take **-s**, and foreign words, which also take **-s.**

	plural ending	plural	meaning
Family names	**-s**	die Becker**s**	the Beckers
Foreign words	**-s**	die Hotel**s**	hotels

➤ *See also Unit 7, Plural of Nouns (1).*

8 UNIT Plural nouns (2) – *Exercises*

1 **Underline the plural nouns.**

E.g. Die <u>Müllers</u> wohnen in Baden-Baden.

a Die Schmidts wohnen in Köln.
b Sie haben drei Kinder – zwei Söhne und eine Tochter.
c Die Autos sind in der Garage.
d Frau Schmidt und ihre Tochter sind beide Lehrerinnen.
e Die Söhne arbeiten im Krankenhaus.

2 **Label the parts of the body. Put each noun into the plural.**

| der Finger | ~~der Fuß~~ | die Hand | das Auge | das Bein |

die Füße

3 **Write these nouns in the plural.**

E.g. das Haus → die Häuser

a das Mädchen _____
b die Italienerin _____
c die Straße _____
d das Bad _____
e die Frau _____
f die Sekretärin _____
g das Hotel _____

9 UNIT | Nationalities

In German, masculine and feminine nouns of nationality take different endings.

A Like other masculine nouns, some masculine nouns of nationality only take an ending in the genitive singular and dative plural forms.

der Engländer → **des** Engländer**s** (gen./sing.)

               den Engländer**n** (dat./pl.)

These nouns follow the same pattern:

Afrikaner (*African*)	Italiener (*Italian*)
Australier (*Australian*)	Norweger (*Norwegian*)
Amerikaner (*American*)	Österreicher (*Austrian*)
Belgier (*Belgian*)	Schweizer (*Swiss man*)
Holländer (*Dutchman*)	Spanier (*Spaniard*)

Er ist Amerikaner.   *He's American.*

B Some masculine nouns of nationality take weak noun endings. They always add an **-(e)n** ending except in the nominative singular form.

Der Schotte arbeitet in Glasgow. (nom.)   *The Scotsman works in Glasgow.*

Ich kenne einen Schotten. (acc.)   *I know a Scotsman.*

These nouns follow the same pattern:

Brite (*Briton*)	Ire (*Irishman*)
Däne (*Dane*)	Portugiese (*Portuguese*)
Finne (*Finn*)	Russe (*Russian*)
Franzose (*Frenchman*)	Schwede (*Swede*)
Grieche (*Greek*)	Ungar (*Hungarian*).

Der Franzose wohnt in Paris.   *The Frenchman lives in Paris.*

⚠ **der/die Deutsche** (*the German man/woman*) takes adjective endings.

To form feminine nouns of nationality, add **-in** for the singular and **-innen** for the plural to the masculine (nom.) form.

die Engländer**in** (*the Englishwoman*) → die Engländer**innen**

die Französ**in** (the Frenchwoman) → die Französ**innen**

► Unit 17 for weak nouns; Unit 63 for der, die, das + adjectives; Unit 11 for the nominative case; Unit 12 for the accusative case; Unit 13 for the dative case; Unit 14 for the genitive case.

1 **Who lives in these countries? What nationality are they?**

E.g. Norwegen → Er ist Norweger. Sie ist Norwegerin.

a Portugal
b Großbritannien
c Schottland
d Österreich
e Italien
f Frankreich
g Spanien
h Griechenland
i Afrika
j USA
k Norwegen
l Belgien

2 **Say that you know a man of each nationality. Use the accusative case.**

E.g. der Grieche → Ich kenne einen Griechen.

a der Ire
b der Russe
c der Holländer
d der Schweizer
e der Australier
f der Schwede
g der Franzose
h der Engländer

3 **What is the plural form of these feminine words?**

E.g. die Amerikanerin → die Amerikanerinnen

a die Engländerin
b die Italienerin
c die Französin
d die Schweizerin

10 UNIT Omission of the article

A The following categories of nouns are preceded by an article.

Time expressions with a preposition	**im (= in dem) Winter/Sommer** *in winter/summer* **am (= an dem) Samstag** *on Saturday*
Seasons	**Der Frühling fängt im April an.** *Spring starts in April.*
Meal times	**Das Mittagessen ist um ein Uhr.** *Lunch is at one o'clock.* **Das Frühstück ist um sieben Uhr.** *Breakfast is at seven.*

B The following categories don't take an article in German.

Professions	**Er ist Programmierer.** *He is a programmer.*
Instruments	**Tobias spielt Klavier**. *Tobias plays the piano.*
Expressions with haben	**Ich habe Kopfschmerzen/Halsschmerzen.** *I've got a headache/a sore throat.*

Sie ist Krankenschwester.
*She is **a** nurse.*

C There is no article in German in the following expressions where *some* or *any* is used in English.

Ich habe Geld.   *I've got **some** money.*
Haben Sie Karten?   *Have you got **any** tickets?*

10 UNIT Omission of the article – Exercises

1 Say what he or she does as a profession. Translate into English.

E.g. Er/Taxifahrer → Er ist Taxifahrer. → *He is a taxi driver.*

a Sie/Friseuse
b Er/Koch
c Sabine/Krankenschwester
d Herr Schmidt/Geschäftsmann

2 What's wrong? Translate the phrases into German.
a She's got toothache.
b He's got stomachache.
c She's got backache.
d He's got a sore throat

3 Put in the article where necessary.

E.g. _____ Frühstück ist um acht Uhr. →
Das Frühstück ist um acht Uhr.

a In _____ Winter fahren wir Ski.
b Wir haben _____ Tomaten.
c _____ Abendessen ist um 20.00 Uhr.
d Haben Sie _____ Geld?
e Stefan spielt _____ Gitarre.
f Maria ist _____ Spanierin.

11 UNiT Nominative case

There are four cases in German. Cases show the role that nouns play in a sentence. The articles der, die, das (the) and ein, eine, ein (a(n)) change according to the case.

Die Band spielt Musik.
The band is playing music.

A The nominative case of the article is the form you find in the dictionary.

der Tisch (*m.*)	*the table*
die Katze (*f.*)	*the cat*
das Buch (*n.*)	*the book*

B The nominative case shows the subject of the sentence. The subject is the person or thing that does the action of the verb.

SUBJECT	VERB	OBJECT	
Der Mann	**trinkt**	**ein Bier.**	*The man is drinking a beer.*
Die Frau	**schreibt**	**eine Geburtstagskarte.**	*The woman is writing a birthday card.*
Das Kind	**isst**	**den Keks.**	*The child is eating the biscuit.*

C If you want to say *a* rather than *the*, you use **ein**, **eine** or **ein** in German.

Ein Mann arbeitet im Büro.   *A man is working in the office.*
Eine Frau kauft eine Jacke.   *A woman is buying a jacket.*

D The subject is not always at the beginning of the sentence.

Nach der Schule geht das Mädchen   *After school the girl goes home.*
nach Hause.

E Here is a summary of the articles in the nominative case.

m.	f.	nt.	pl.	
der	**die**	**das**	**die**	*the*
ein	**eine**	**ein**	**keine**	*a(n)*

⚠ As there is no plural form of **ein**, the negative **keine** (*no*, *not any*) is included in the plural.

11 UNIT Nominative case – Exercises

1 Underline the subject (the word in the nominative case) in each sentence.

E.g. <u>Die Kinder</u> spielen auf dem Spielplatz.

a Der Arzt arbeitet in der Stadt.
b Der Hund spielt im Garten.
c Die Frau hat das Kind gesehen.
d Am Abend geht der Mann ins Kino.
e Das Auto steht in der Garage.
f Das Haus ist in der Kreuzstraße.

2 Put in *ein, eine* or *ein* in the nominative case. The subject is marked in bold and its gender is given in brackets.

E.g. _____ **Kiste** (*f.*) Wasser kostet DM 12,–. →
Eine Kiste Wasser kostet DM 12,–.

a _____ **Packung** (*f.*) Kekse kostet DM 2,99.
b _____ **Becher** (*m.*) Jogurt kostet DM 0,70.
c _____ **Dose** (*f.*) Erbsen kostet DM 1,10.
d _____ **Glas** (*nt.*) Marmelade kostet DM 1,99.
e _____ **Flasche** (*f.*) Wein kostet DM 7,50.

3 Put *der, die* or *das* into the the sentence. The gender of the subject is given in brackets.

E.g. _____ **Zug** (*m.*) fährt nach Paris. →
Der Zug fährt nach Paris.

a _____ Bus (*m.*) aus Hameln kommt um halb elf.
b _____ Bäckerei (*f.*) ist in der Poststraße.
c _____ Haus (*nt.*) hat acht Zimmer.
d Gestern kam _____ Brief (*m.*) von meiner Freundin.
e _____ Frau (*f.*) hat eine Tochter.

12 UNIT Accusative case

A The accusative case is used for the direct object. The direct object is the person or thing that has the action done to it.

SUBJECT	VERB	DIRECT OBJECT	
Ich	trinke	**den Wein.**	*I am drinking the wine.*
Susi	trägt	**die Tasche.**	*Susi is carrying the bag.*
Georg	wäscht	**das Auto.**	*Georg is washing the car.*

B The following table summarises the articles in the nominative and accusative case endings.

	the				a(n)			
	m.	*f.*	*nt.*	*pl.*	*m.*	*f.*	*nt.*	*pl.*
nom.	der	die	das	die	ein	eine	ein	keine
acc.	**den**	**die**	**das**	**die**	**einen**	**eine**	**ein**	**keine**

⚠ The nominative and accusative cases only differ in the masculine form.

Doris hat **einen Bruder**.   *Doris has a brother.*
Ich möchte **eine Cola**.   *I'd like a coke.*
Wir haben **ein Zimmer** reserviert.   *We've booked a room.*

C The accusative case is also used after certain expressions of time, measurement and distance.

Ich war **einen Monat** in Rom.   *I was in Rome for a month.*
Die Post ist **einen Kilometer**   *The post office is a kilometre from*
  von hier.   *here.*

D Some prepositions are followed by the accusative.

Wir gehen durch den Park.   *We are going through the park.*
Wir gehen morgen Abend ins   *We are going to the cinema*
  (in das) Kino.   *tomorrow evening.*

➤ **See Unit 54 for prepositions with the accusative and Unit 59 for preposition in short forms.**

12 UNIT Accusative case – Exercises

1 You have moved house and want to buy new furniture. Make sentences beginning with: *Ich möchte ...* (I'd like ...) and the accusative form of *der, die* or *das*.

> *E.g.* die Waschmaschine →
> **Ich möchte die Waschmaschine kaufen.**

a der Tisch
b das Sofa
c der Herd
d die Lampe
e der Stuhl
f das Bett
g die Spülmaschine
h der Kleiderschrank

2 Complete the sentences with the accusative form of *der/die/das* or *ein/eine/ein*. The first letter of the article is given.

> *E.g.* Wir suchen e_____ Campingplatz (*m.*). →
> **Wir suchen einen Campingplatz.**

a Wir möchten e_____ Doppelzimmer (*nt.*) reservieren.
b Er braucht e_____ neue Jacke (*f.*).
c Kennst du d_____ Restaurant (*nt.*) in der Salzstraße?
d Ich habe e_____ Idee (*f.*)!
e Hast du d_____ Film (*m.*) schon gesehen?
f Sie möchte e_____ Glas (*nt.*) Wein.
g Er war e_____ Woche (*f.*) in London.
h Ich war für e_____ Tag (*m.*) in Trier.

13 UNIT Dative case

The dative case shows the indirect object of the sentence. The indirect object is the person or thing that is shown, told, etc. something.

A In German, the dative case endings make it clear who or what is the indirect object in the sentence. In English, *to* is often used with the indirect object.

SUBJECT	VERB	INDIRECT OBJECT	DIRECT OBJECT	
Ich	zeige	dem Mann	das Foto.	*I show the man the photo./ I show the photo to the man.*

B The following table summarises the articles in the nominative and dative cases.

	m.	f.	nt.	pl.	m.	f.	n.	pl.
nom.	der	die	das	die	ein	eine	ein	keine
dat.	**dem**	**der**	**dem**	**den**	**einem**	**einer**	**einem**	**keinen**

Ich gebe dem Elektriker einen Scheck. *I give the electrician a cheque. / I give a cheque to the electrician.*

Ich zeige einem Kunden das Buch. *I show a customer the book ./ I show the book to a customer.*

C In the dative case, the noun adds an **-(e)n** in the plural, unless it already ends in **-n** or **-s**.

Ich bringe den Kindern ein Geschenk. *I'll bring the children a present.*

D The following verbs are always followed by the dative case.

bringen (*to bring*); erzählen (*to tell*); geben (*to give*); sagen (*to say*); schicken (*to send*); zeigen (*to show*); antworten* (*to answer*); danken* (*to thank*); folgen* (*to follow*); helfen* (*to help*).

⚠ The verbs marked * do not have an indirect object in English.

Paul gibt **dem Mädchen** ein Geschenk.   *Paul gives the girl a present. / Paul gives a present to the girl.*

Der Manager dankt **der Frau**.   *The manager thanks the woman.*

➤ **See Unit 38 for impersonal verbs and Unit 55 for prepositions followed by the dative.**

13 UNIT Dative case – *Exercises*

1 Underline the indirect object in these sentences.

E.g. Sandra gibt <u>dem Mann</u> eine Karte.

a Er bringt dem Mädchen ein Eis.

b Ich danke der Dame für die Information.

c Meine Frau erzählt dem Jungen von unserem Urlaub.

d Zeigen Sie dem Kunden das neue Auto.

2 Build sentences from the table. Use the pictures to help you.

E.g. Ich schenke dem Baby ein Teddy.

a Ich schenke	dem Patienten	Blumen.
b Alex schickt	dem Kunden	**ein Teddy**.
c Die Krankenschwester gibt	**dem Baby**	eine Tablette.
d Der Mechaniker zeigt	einer Freundin	das Auto

3 Complete the sentences with the dative case. The gender of the noun is given in brackets to help you. Don't forget to add the dative plural ending where necessary.

E.g. Ich schicke _____ Frau (*f.*) eine Karte. →
    Ich schicke der Frau eine Karte.

a Herr Bühler gibt _____ Chef (*m.*) den Brief.

b Mutti bringt _____ Kind (*nt.*) ein Spielzeug.

c Der Polizist hilft _____ Autofahrer (*m.*)

d Ich sage _____ Lehrerin (*f.*) nichts.

e Er zeigt _____ Mädchen (*nt.*) ein Foto.

f Ich erzähle_____ Kinder_____ (*pl.*) eine Geschichte.

14 UNIT Genitive case

The genitive case indicates possession in German. In English, we express this with of or use an apostrophe.

A Here is a summary of the article in the genitive case.

	m.	f.	nt.	pl.	m.	f.	nt.	pl.
nom.	der	die	das	die	ein	eine	ein	keine
gen.	**des**	**der**	**des**	**der**	**eines**	**einer**	**eines**	**keiner**

Der Manager der Firma heißt	*The manager of the firm / The firm's*
Herr Frank.	*manager is called Mr Frank.*

⚠ In the masculine and neuter forms **-s**, or **-es** (with nouns of one syllable) is added to most nouns.

die Bluse **des** Mädchens	*The girl's blouse.*
Sie ist die Schwester **eines** Freundes.	*She is the sister of a friend.*

B With names of people, nationalities, towns and cities, you can make a possessive form by adding an **-s** to the name.

Annettes Buch	*Annette's book*
Deutschlands Hauptstadt	*Germany's capital (city)*

C Certain expressions take the genitive case

Anfang **des Monats** (m.) fahre ich	*I'm going to Stuttgart at the*
nach Stuttgart.	*beginning of the month.*
Ende **der Woche** (f.)/**des Jahres** (nt.)	*at the end of the week/the year*

D The genitive case is generally used in written German but less often in spoken German. In everyday conversation, **von** + the dative case is often used instead of the genitive.

der Bruder **des Mannes** (*genitive*) (m.)	*the man's brother*
der Bruder von dem Mann (*dative*) (m.)	*the brother of the man*

➤ *See also Unit 13 for the dative case and Unit 55 for prepositions + dative*

14 Genitive case – *Exercises*

1 **Make sentences and add the genitive *-s* ending to the names.**

a England _____	Hafen	höre ich gern.
b Frankreich_____	Musik	heißt Elizabeth.
c Hamburg_____	Hauptstadt	trinke ich gern.
d Italien_____	Filme	sehe ich gern.
e Steven Spielberg_____	Weine	ist Rom.
f Beethoven_____	Königin	ist an der Elbe.

2 **Complete these sentences with the correct form of the genitive and add an ending to the noun where necessary.**

E.g. **Ende _____ Woche (*f*.) gehe ich in Urlaub. →**
Ende der Woche gehe ich in Urlaub.

a Das Büro _____ Chef_____ (*m*.) ist im ersten Stock.
b Das Haus _____ Familie (*f*.) Schmidt ist groß.
c Anfang _____ Jahr_____ (*nt*.) fahre ich nach Paris.
d Die Jacke_____ Frau (*f*.) ist sehr modisch.
e Mitte _____ Monat_____ (*m*.) fliegen wir nach Spanien.
f Der Elektriker _____ Firma (*f*.) Hansen arbeitet samstags.

3 **Put the expressions in bold into the genitive case.**

E.g. das Auto **von dem Mann**. (m.) →
das Auto **des Mannes.**

a der Manager **von der Bank**. (*f*.)
b das Büro **von dem Manager**.
 (*m*.)
c der Mantel **von der Frau**. (*f*.)
d der Bruder **von dem Mann**. (*m*.)

15 UNIT Determiners

Dieser Zug fährt nach Köln.   *This train is going to Cologne.*

A The most common determiners are: **dieser** (*this, these*), **mancher** (*many*), **jeder** (*each, every*), **jener** (*that*) and **welcher?** (*which?*).

B Dies-, manch-, jed-, jen-, welch- add similar endings to **der**, **die** and **das**. The following table shows the nominative endings.

m.	f.	nt.	pl.
der	die	das	die
dieser	diese	dieses	diese
jeder	jede	jedes	– (no plural)
jener	jene	jenes	jene
mancher	manche	manches	manche
welcher	welche	welches	welche

Dieser Wein (*m.*) schmeckt gut.   *This wine tastes good.*
Jener Wein (*m.*) schmeckt besser.   *That wine tastes better.*
Jedes Haus (*nt.*) hat einen Garten.   *Every house has a garden.*
Manche Leute (*pl.*) sind reich.   *Many people are rich.*
Welche Farbe (*f.*)?   *What colour?*

C Dieser etc. take similar case endings to **der**, **die** and **das** in the other cases.

	m.	f.	nt.	pl.
NOMINATIVE	**dieser**	**diese**	**dieses**	**diese**
ACCUSATIVE	**diesen**	**diese**	**dieses**	**diese**
DATIVE	**diesem**	**dieser**	**diesem**	**dieser**
GENITIVE	**dieses**	**dieser**	**dieses**	**dieser**

Ich möchte **diesen Pullover** kaufen. (*m. acc.*) *I'd like to buy this pullover.*
Ich fahre **jede Woche** in die Stadt. (*f. acc.*) *I go to town every week.*
Er war **dieses Jahr** in Barcelona. (*nt. acc.*) *He was in Barcelona this year.*

➤ See Unit 12 for the accusative case, Unit 13 for the dative case and Unit 14 for the genitive case.

15 UNIT Determiners – *Exercises*

1 Which is the nominative case? Underline the correct word.

E.g. welcher/<u>welches</u> Buch (*nt.*)?

a welcher/welche Film (*m.*)?

b mancher/mancheAutos (*pl.*)

c dieser/diese Woche (*f.*)

d jeder/jedes Jahr (*nt.*)

e diese/dieser Rock (*m.*)

f welches/welche Kleid (*nt.*)

g jeder/jede Woche (*f.*)

h dieser/dieses Haus (*nt.*)

2 Add the correct endings to *dies-*, etc. Use the nominative case.

E.g. Welch_____ Buch (*nt.*) ist das? →
   Welches Buch ist das?

a Dies_____ Kleid (*nt.*) war sehr teuer.

b Welch_____ Film (*m.*) läuft im Kino?

c Jed_____ Kind (*nt.*) liebt Schokolade.

d Manch_____ Leute (*pl.*) fahren gern nach Italien.

e Welch_____ Tag (*m.*) ist heute?

f Dies_____ Woche (*f.*) ist eine Ausstellung in der Stadt.

g Welch_____ Zug (*m.*) fährt nach München?

3 Translate the English word in brackets into German. Use the accusative case.

E.g. Ich kaufe (*this*) Mantel (*m.*). →
   Ich kaufe diesen Mantel.

a Wir haben (*this*) Film (*m.*) nicht gesehen.

b (*Which*) Buch (*nt.*) willst du lesen?

c Ich möchte (*every*) Woche (*f.*) ins Fitnesscenter gehen.

d Konrad will (*this*) Jahr (*nt.*) ein Auto kaufen.

e (*Which*) Firma (*f.*) wollen Sie in Leipzig besuchen?

f (*Some*) Studenten (*pl.*) arbeiten in den Ferien.

16 UNIT My and your

Das ist **meine** Schwester.
That's my sister.

A The possessives:

mein	*my*
dein	*your* (familiar, singular)
sein	*his, its*
ihr	*her, their*
Ihr	*your* (formal, singular and plural)
unser	*our*
euer	*your* (familiar, plural)

sein Auto	*his car*
unsere Katze	*our cat*

B Possessive endings are the same as for **ein, eine, ein**, etc.

	m.	f.	nt.	pl.
NOMINATIVE	**mein**	**meine**	**mein**	**meine**
ACCUSATIVE	**meinen**	**meine**	**mein**	**meine**
DATIVE	**meinem**	**meiner**	**meinem**	**meinen**
GENITIVE	**meines**	**meiner**	**meines**	**meiner**

Mein Name ist Tina. (*f. nom.*)   *My name is Tina.*
Wir besuchen **unseren Onkel**. (*m. acc.*)   *We are visiting our uncle.*
Kennst du **seine Schwester**? (*f. acc.*)   *Do you know his sister?*
Ich helfe **meiner Mutter**. (*f. dat.*)   *I'm helping my mother.*
Die Frau **deines Bruders** ist in   *Your brother's wife is in*
  Braunschweig. (*m. gen.*)   *Braunschweig.*

➤ See also Unit 11, Nominative Case; Unit 12, Accusative Case; Unit 13, Dative Case; Unit 14, Genitive Case; and Unit 49, Personal Pronouns.

1 Add an ending to the possessive where necessary. Use the nominative case.

> *E.g.* mein_____ Onkel → mein Onkel
> sein_____ Tante → seine Tante

a mein_____ Vater
b sein_____ Mutter
c ihr_____ Schwester
d unser_____ Bruder
e dein_____ Großmutter
f euer_____ Großvater
g mein_____ Tante
h Ihr_____ Onkel

2 Choose the correct possessive pronoun (nominative case).

> *E.g.* Das ist meine/<u>mein</u> Büro.

a Wie ist deine/dein Name (*m.*)?
b Seines/Sein Auto (*nt.*) ist blau.
c Wo sind unser/unsere Koffer (*pl.*) ?

3 What have these people lost? Write sentences with the correct possessive form. Use the accusative case.

> *E.g.* Thomas, ein Regenschirm (*m.*) →
> Thomas hat seinen Regenschirm verloren.

a Marion, ein Portemonnaie (*nt.*)
b Anja, ein Stift (*m.*)
c Lars, eine Katze (*f.*)
d Liane, ein Schal (*m.*)
e Torsten, eine Mütze (*f.*)

17 UNIT | Weak nouns

Some masculine nouns (der words) often take an -n or -en ending. They are known as weak nouns.

A Weak masculine nouns add an **-n** or **-en** ending in all cases except the nominative singular. The endings are added after **der, dieser, ein, mein**, etc. Look at the following table for **der Junge** (*the boy*).

	SINGULAR	PLURAL
NOMINATIVE	**der** Junge	**die** Jungen
ACCUSATIVE	**den** Jungen	**die** Jungen
DATIVE	**dem** Jungen	**den** Jungen
GENITIVE	**des** Jungen	**der** Jungen

Der Kunde ist im Büro.	*The customer is in the office.*
Ich treffe **den** Kunden am Freitag.	*I'm meeting the customer on Friday.*

B Other weak masculine nouns
- male persons and creatures ending in **-e**
  der Affe (*monkey*); der Kollege (*colleague*); der Kunde (*customer*); der Neffe (*nephew*); der Brite (*Briton*).

- male persons ending in **-t**
  der Architekt (*architect*); der Demokrat (*democrat*); der Polizist (*policeman*); der Präsident (*president*).

- masculine nouns ending in: **-ant, -nom** and **-og(e)**
  der Elefant (*elephant*); der Astronom (*astronomer*); der Psychologe (*psychologist*).

C Most weak nouns add **-n.**
  der Bauer (*farmer*); der Nachbar (*neighbour*).

However, some add **-en** …
  der Katholik (*Catholic*); der Mensch (*human being*).

… and others adds **-n** in the singular and **-en** in the plural:
  der Herr (*gentleman, Mr*).

➤ **See also Unit 9, Nationalities; Unit 11, Nominative case; Unit 12, Accusative case; Unit 13, Dative case; Unit 14 Genitive case.**

1 Say whether the following weak nouns take an -n or an -en ending.

a Mensch

b Junge

c Bauer

d Präsident

e Kollege

f Nachbar

g Architekt

h Demokrat

i Neffe

j Katholik

2 Write sentences saying who you met, adding the correct accusative ending to each noun.

E.g. der Psychologe → Ich habe **den** Psychologe**n** getroffen.

a der Brite

b der Kunde

c der Elefant

d der Junge

e der Polizist

f der Herr

3 Add an ending to the noun where necessary.

E.g. Der Junge_____ ist zu Hause. →

Der Junge ist zu Hause. (nom.)

Ich kenne den Kunde_____. →

Ich kenne **den** Kund**en**. (acc.)

a Der Kollege_____ ist freundlich.

b Ich kenne den Architekt_____ .

c Der Elefant_____ ist sehr groß.

d Ich habe den Affe_____ im Zoo gesehen.

e Der Nachbar_____ ist in Urlaub.

f Kennst du den Junge_____ ?

18 UNIT Present tense (1)

A verb describes an action or a state. The tense, for example present, past, etc., expresses when this action takes place.

Die Kinder **spielen**.
The children are playing.

A When you look up a verb in the dictionary, you will find the infinitive form. In German, most infinitives end in **-en**. A few end only in **-n**.

spielen (*to play*); kaufen (*to buy*); sein (*to be*)

B In German, there is only one form of the present tense which can translate both English forms.

Ich spiele Golf   *I play golf./I am playing golf.*

C The verb stem is the part of the infinitive without **-en**.

spielen → spiel
kaufen → kauf

D In the present tense, the following endings are added to the verb stem.

spielen (*to play*)

ich spiel**e**	*I play*
du spiel**st**	*you* (sing.) *play*
er/sie/es spiel**t**	*he/she/it plays*
wir spiel**en**	*we play*
ihr spiel**t**	*you* (pl.) *play*
sie spiel**en**	*they play*
Sie spiel**en**	*you* (polite) *play*

Ich besuche meine Freundin.	*I visit my (girl)friend.*
Was **machst du**?	*What are you doing?*
Jan kauft einen Comic.	*Jan buys a comic.*
Karin bleibt zu Hause.	*Karin is staying at home.*
Wir kommen um sieben Uhr.	*We're coming at seven o'clock.*
Geht ihr ins Kino?	*Are you going to the cinema?*
Sie wohnen in Freiburg.	*They live in Freiburg.*

➤ *See also Unit 19, Present tense (2); Unit 49, Personal pronouns; Unit 73, Question words 1; Unit 74, Question words 2; Unit 75, Questions and word order.*

1 Fill in the other half of the dominoes with a verb from the box to make matching pairs. There is often more than one possible answer.

telefoniert	macht	kommt	geht	studieren	wohnst
	kaufen	besuchen	spiele		

a ich [ ]   **b** du [ ]   **c** er [ ]   **d** sie [ ]   **e** es [ ]

f wir [ ]   **g** ihr [ ]   **h** sie [ ]   **i** Sie [ ]

2 Complete each sentence with an appropriate verb from the box.

kauft	gehe	~~lerne~~	wohnst	spielt	machen

E.g. Ich _____ Deutsch. → Ich lerne Deutsch.

a Er _____ Klavier.

b Was _____ Sie?

c Petra _____ ein Buch.

d Wo _____ du?

e Ich _____ morgen in die Stadt.

3 Complete the sentences with the correct form of the verb in brackets.

E.g. Er _____ mit seiner Mutter. (telefonieren) →
Er telefoniert mit seiner Mutter.

a Wann_____ ihr? (kommen)

b Wohin _____ du am Samstag? (gehen)

c Das Mädchen _____ zu Hause. (bleiben)

d Was _____ du heute Nachmittag ? (machen)

e Er _____ Markus. (besuchen)

f Wo _____ ihr? (studieren)

g Heike und Robert _____ gern Tennis. (spielen)

h Dirk _____ in München. (wohnen)

19 UNIT Present tense (2)

In the present tense, some verbs do not follow the regular pattern. They change their stem or spelling in certain parts of the verb.

A Verbs which end in **-den**, **-ten** or **-nen** add an extra **e** before the verb ending in the **du**, **er/sie/es** and **ihr** forms.

arbeiten (*to work*) → **du** arbeit**e**st, **er/sie/es** arbeit**e**t, **ihr** arbeit**e**t

    finden (*to find*)   **kosten** (*to cost*)

    warten (*to wait*)   **regnen** (*to rain*)

    Es regn**e**t.   *It's raining.*

B Verbs which end in **-sen**, **-ßen**, **-ssen** or **-zen** add **-t** (not **-st**) in the **du** form.

reisen (*to travel*) → **du** reis**t**

    hassen (*to hate*)   **heißen** (*to be called*)

    tanzen (*to dance*)

    Wie heiß**t du**?   *What are you called?*

C In German, an important group of verbs are known as strong verbs. In the present tense, the vowel (**a**, **e**) in the middle changes in the **du** and **er/sie/es** parts of most strong verbs.

- **a → ä**
  fahren (*to go, travel*)   ich fahre, **du** f**ä**hrst, **er/sie/es** f**ä**hrt, wir fahren, ihr fahrt, sie fahren, Sie fahren
  Other verbs that change in this way are **tragen** (*to wear, carry*), **laufen** (*to run*), **schlafen** (*to sleep*) and **waschen** (*to wash*).
  Er tr**ä**gt einen Hut.   *He's wearing a hat.*

- **e → i**
  essen (*to eat*)   ich esse, **du** i**s**st, **er/sie/es** i**s**st, wir essen, ihr esst, sie essen, Sie essen
  Other verbs that change in this way are: **geben** (*to give*), **helfen** (*to help*), **nehmen** (*to take*), **sprechen** (*to speak*), **treffen** (*to meet*).

- **e → ie**
  lesen (*to read*)   ich lese, **du** li**e**st, **er/sie/es** li**e**st, wir lesen, ihr lest, sie lesen, Sie lesen
  sehen (*to see*)   ich sehe, **du** si**e**hst, **er/sie/es** si**e**ht, wir sehen, ihr sehst, sie sehen, Sie sehen

1 Say whether each of the following verbs is the *du* form, the *er/sie/es* form or the *ihr* form. Some may be more than one.

a gibt

b reist

c sprichst

d wartet

e findet

f kostet

2 Complete the sentences. Use the present tense of one of the verbs from the box.

tragen	fahren	sprechen	waschen	lesen	schlafen	geben

E.g. Ich _____ gern Bücher. →
        Ich lese gern Bücher.

a Herr Hofmeister _____ Englisch und Deutsch.

b Samstags _____ die Kinder bis zehn Uhr.

c Karola _____ die Socken.

d Er _____ Tobias zehn Mark.

e Ihr _____ schwarze Jeans.

f Der Bus _____ in die Stadt.

3 Make sentences to say what they are doing.

E.g. Sebastian/im Wald/laufen →
        Sebastian läuft im Wald.

a Kerstin/nach Paris/fahren

b Frau Link/am Computer/arbeiten

c Monika/im Restaurant/essen

d Du/nächste Woche/nach London/reisen

e Andreas/Apfelstrudel mit Sahne/essen

f Du/einen blauen Pullover/tragen

g Peter/Zeitung/lesen

20 UNIT Present tense (3)

A Two very important irregular verbs are **haben** (*to have*) and **sein** (*to be*). They are irregular in both English and German.

haben (*to have*)	
ich habe	*I have*
du hast	*you have*
er/sie/es hat	*he/she/it has*
wir haben	*we have*
ihr habt	*you have*
sie haben	*they have*
Sie haben	*you have*

sein (*to be*)	
ich bin	*I am*
du bist	*you are*
er/sie/es ist	*he/she/it is*
wir sind	*we are*
ihr seid	*you are*
sie sind	*they are*
Sie sind	*you are*

Er hat einen Hund.	*He has a dog.*
Wir haben eine neue Wohnung.	*We have a new flat.*
Sie ist Ärztin.	*She is a doctor.*
Wie alt **bist du**?	*How old are you?*
Ich bin zwanzig Jahre alt.	*I am twenty years old.*

B The verb **haben** (not **sein**!) is used in these phrases.

Ich habe Durst.	*I am thirsty.*
Er hat Hunger.	*He's hungry.*
Wir haben Angst.	*We are frightened.*
Sie hat Glück.	*She is lucky.*
Ich habe keine Lust.	*I don't want to.*

➤ See also Unit 18, Present Tense (1); Unit 19, Present Tense (2).

1 Complete each sentence with a verb from the list.

| ist | habe | sind | hast | ~~haben~~ | bist | ist |
| | hat | sind | seid | hat | | |

E.g. **Wir** _____ **ein großes Haus.** →
Wir haben ein großes Haus.

a Das Haus _____ einen Garten.
b Johann _____ bei einer Bank.
c Die Kinder _____ Zwillinge.
d Er _____ 30 Jahre alt.
e _____ ihr heute zu Hause?
f Frau Kraft _____ eine Schwester.
g _____ du Zeit heute Abend?
h Ich _____ Hunger.
i Du _____ mein bester Freund.
j Wo _____ wir?

2 Complete the sentences with the correct form of *haben* or *sein*.

E.g. **Ich** _____ **einen Bruder und zwei Schwestern.** →
Ich habe einen Bruder und zwei Schwestern.

a Daniel _____ Mechaniker.
b Wir _____ Engländerinnen.
c Nina _____ blondes Haar und blaue Augen.
d Ich _____ keine Lust.
e _____ du Geschwister?
f Maria _____ Angst vor dem Hund.
g Sie (they) _____ einen Termin beim Arzt.

3 Translate the following sentences into German.

E.g. **Are you thirsty?** →
Hast du Durst?

a He is a doctor.
b I've got blonde hair.
c They are in London.
d We're hungry.
e She is frightened.
f I have a flat.

21 UNIT Imperatives

The imperative or command form is used to tell people what to do and to make requests and suggestions.

A There are three words for *you* in German: **du** (singular, familiar); **ihr** (plural, familiar); and **Sie** (singular and plural, polite).

Du bist meinen Bruder.	*You are my brother.*
Ihr seid meine Brüder.	*You are my brothers.*
Sind Sie Arzt?	*Are you a doctor?*

B As there are three words for *you* in German, there are three imperative forms. There is often an exclamation mark after the command form.

- **du**: use the present-tense **du** form without **-st** and without **du**. If there is an umlaut, leave it off.

  du kommst → Komm! (*Come*)

  du isst → Iss! (*Eat*)

  du fährst → Fahr! (*Go*).

- **ihr**: use the present-tense **ihr** form but leave out **ihr**.

  ihr steht → Steht!

- **Sie**: use the present-tense **Sie** form but put **Sie** after the verb.

  Sie gehen → Gehen Sie!

C The verb **sein** has an irregular imperative form.

du → **Sei ruhig!**

ihr → **Seid ruhig!**

Sie → **Seien Sie ruhig!**

D With separable verbs, the separable part (prefix) goes to the end of the sentence.

mitkommen	Komm mal mit!	*Come with us.*

E The infinitive is often used instead of the imperative in instructions, e.g. in recipes and on signs.

Mehl und Zucker mischen.	*Mix the flour and the sugar.*
Bitte nicht stören.	*Do not disturb.*

➤ *See also Unit 44, Personal pronouns; Unit 18, Present tense (1); Unit 19, Present tense (2); Unit 39, Separable verbs.*

1 **Make command forms.**

E.g. du/nach Hause gehen →
Geh nach Hause!

a ihr/am Wochenende kommen

b Sie/das Buch lesen

c du/ein Eis kaufen

d ihr/im Garten spielen

e ihr/ruhig sein

2 **Complete these sentences with the familiar imperative form of the verb in brackets.**

E.g. Anna, _____ dir das Bild an! (sehen) →
Anna, sieh dir das Bild an!

a Alex, _____ bitte ruhig! (sein)

b Sandra, _____ bitte den Text vor! (lesen)

c _____ ihr bitte die Suppe! (essen)

d Simone, _____ jetzt! (schlafen)

e Ludwig, _____ bitte langsamer! (fahren)

3 **Underline all the infinitive forms in this recipe for a fruit quark dessert.**

Obstquark		
250g	Quark	mit
150g	Jogurt, natur	und
1/2 Tasse	Milch	cremig rühren
1	Apfel	schälen
2	Bananen	in kleine Stücke schneiden
100g	Erdbeeren	waschen und schneiden
	Obst	unter die Creme mischen. Mit
	Nüssen	verzieren

22 UNIT | Perfect tense + *haben* (1)

The perfect tense is a past tense used mostly in spoken German for describing events that have already happened.

Er **hat** gestern Golf **gespielt**.
He played golf yesterday.

A The perfect tense of most verbs is formed with the present tense of the verb **haben** and the past participle. The perfect tense in German is often used for the present perfect tense as well as the simple past tense in English.

Wir **haben getanzt**.　　　　　*We have danced/We danced.*

B The past participle is formed from the infinitive. Take off the **-en** ending to leave the stem. Add **ge-** to the front of the stem and **-t** to the end.
Verbs that have a regular stem and form their past participles with a **-t** ending are known as *weak verbs*.

tanzen → **ge**tanz**t** (*danced*)
hören → **gehört** (*heard*)

C The perfect tense of the verb **kaufen** (*to buy*).

ich habe gekauft　　　　　wir haben gekauft
du hast gekauft　　　　　　ihr habt gekauft
er/sie/es hat gekauft　　　　sie haben gekauft
　　　　　　　　　　　　　Sie haben gekauft

D Note the word order when using the perfect tense. The part of **haben** is the second idea in the sentence. The past participle goes to the end.

Wir haben Musik **gehört**.　　　*We listened/have listened to music.*
Ich habe letzten Montag　　　　*I did fitness training last Monday.*
Fitnesstraining **gemacht**.
Gestern **habe ich** Tennis **gespielt**.　*I played tennis yesterday.*

➤ *See also Unit 20, Present tense (3); Units 23, 24, 25, 26, Perfect tense; Unit 70 Word order in statements; Unit 75, Questions and word order.*

22 UNIT Perfect tense + *haben* (1) – Exercises

1 Match each subject to the correct perfect tense verb.

a du	**1** haben gefragt
b ich	**2** habt gesagt
c wir	**3** hast geduscht
d er	**4** habe getanzt
e ihr	**5** hat gekauft

2 Complete the sentences with the perfect tense of the verb.

> *E.g.* Ich _____ eine Jacke _____ . (kaufen) →
> **Ich habe eine Jacke gekauft.**

a Er _____ das Mittagessen _____ . (kochen)

b Wir _____ das Wohnzimmer _____ . (putzen)

c Silvia _____ zehn Jahre in Frankfurt _____ . (wohnen)

d Sie (they) _____ am Wochenende nichts _____ . (machen)

3 What sports did they play?

> *E.g.* Simone/Golf →
> **Simone hat Golf gespielt.**

a Klaus und Heiko/Tennis

b Tobias/ Handball

c Ulrike und Max/Badminton

d Ruth/Hockey

4 Write sentences in the perfect to say what these people did yesterday.

> *E.g.* Wir/Musik/hören →
> **Wir haben Musik gehört.**

a Steffi/ein Kleid/kaufen

b Tanja/in der Disko/tanzen

c Er/Klavier/spielen

d Ihr/Fitnesstraining/machen

e Du/Hausaufgaben/machen

f Anja und Silke/Eis/bestellen

g Ich/Schuhe/kaufen

23 UNIT Perfect tense + *haben* (2)

A group of verbs known as strong verbs have past participles with an -en ending.

Ich habe gestern die Zeitung **gelesen**. *I read the newspaper yesterday.*

A Most strong verbs form the past participle by adding **ge-** to the front of the infinitive. The past participle, like the infinitive, ends in **-en**.

geben → **ge**geb**en** (*gave*)
lesen → **ge**les**en** (*read*)
sehen → **ge**seh**en** (*saw*)
essen → **ge**gess**en** (*eaten*)
Wir **haben** Franz **gesehen**.   *We saw/have seen Franz.*

B Other past participles have a vowel change in the middle.

- **ei → ie**
  schreiben → **geschrieben** (*written*)

- **e → o**
  helfen → **geholfen** (*helped*)
  nehmen → **genommen** (*taken*)
  treffen → **getroffen** (*met*)

- **i → u**
  finden → **gefunden** (*found*)
  trinken → **getrunken** (*drunk*)
  singen → **gesungen** (*sung*)

Stefan **hat** einen Brief **geschrieben**.   *Stefan wrote/has written a letter.*
Heike **hat** Ruth **getroffen**.   *Heike met/has met Ruth.*
Wir **haben** gestern Abend   *We drank red wine yesterday*
  Rotwein **getrunken**.   *evening.*

 ➤ *See also Units 22, 24, 25, 26, Perfect tense; Unit 88, Irregular Verbs.*

1 Complete each sentence with the past participle of the verb in brackets.

E.g. Gestern habe ich ein Buch _____ . (lesen) →
     Gestern habe ich ein Buch gelesen.

a Alex hat vier Postkarten aus Italien _____ . (schreiben)
b Daniela war krank. Sie hat eine Tablette _____ . (nehmen)
c Ich habe meiner Mutter Blumen _____ . (geben)
d Habt ihr den neuen James Bond Film _____ ? (sehen)
e Am Sonntag haben wir im Restaurant _____ . (essen)

2 Complete each sentence with the correct part of the verb *haben* and a suitable past participle from the box.

getroffen	gegessen	gelesen	gefunden	getrunken	gesehen

E.g. Ich _____ einen Krimi im Fernsehen _____ . →
     Ich habe einen Krimi im Fernsehen gesehen.

a Rainer _____ gestern ein Buch _____ .
b Daniel _____ einen Freund im Bistro _____ .
c _____ du deinen Schlüssel _____ ?
d Zum Abendessen _____ wir Steak mit Pommes _____ und Rotwein _____ .

3 Complete the verb table with the help of the verb list in Unit 88.

	VERB	PAST PARTICIPLE	MEANING
E.g.	**bitten**	**gebeten**	***to ask, to request***
a	fangen		
b		geschlafen	
c			*to cut*
d	schließen		
e	tun		
f			*to leave, to let*

24 UNIT | Perfect tense + *haben* (3)

Some verbs in the perfect tense form the past pasrticiple in an irregular way.

Es **hat** am Montag **geregnet**.
It rained on Monday.

A Weak verbs ending in **-ten**, **-den** or **-nen** add an extra **-e** before the **-t** ending (to make them easier to pronounce).

warten → gewarte**t** (*waited*)
reden → gerede**t** (*talked*)
kosten → gekoste**t** (*cost*)
antworten → geantworte**t** (*answered*)
regnen → geregne**t** (*rained*)

Ich habe vor dem Kino gewartet.   *I waited in front of the cinema.*

B Weak verbs ending in **-ieren** add **-t** to the end of the stem but no **ge-** at the front.

telefonieren → **telefoniert** (*telephoned*)
studieren → **studiert** (*studied*)

David **hat** mit Susanna **telefoniert**. *David (has) phoned Susanna.*

C The past participle of the irregular verb **haben** is **gehabt**.

Renate hat einen Unfall gehabt.   *Renate (has) had an accident.*

D Some verbs are known as mixed verbs because they form the past participle with a **-t** ending like weak verbs but have a vowel change in the middle like strong verbs.

bringen → **gebracht** (*brought*)
denken → **gedacht** (*thought*)
kennen → **gekannt** (*known (a person)*)
wissen → **gewusst** (*known (a fact)*)

Ich **habe** das nicht **gewusst**.   *I didn't know that.*

➤ *See also 22, 23, 25, 26, Perfect tense; Unit 88, Irregular verbs.*

Perfect tense + *haben* (3) – *Exercises*

1 **Find five past participles.**

A	G	I	O	G	U	G	N	S
P	E	S	S	E	W	G	E	T
L	R	U	E	K	M	E	W	U
G	E	B	R	A	C	H	T	D
N	D	K	F	N	R	A	P	I
R	E	V	G	N	D	B	S	E
S	T	T	Ü	T	N	T	O	R
D	A	C	R	Z	Ä	B	H	T

2 **Fill in the missing letters in the past participles.**

E.g. Ich habe s_ud_er_ . →

　　Ich habe studiert.

a Du hast es _ewu_ _t.

b Ihr habt s_ud_ _r_.

c Sie haben ein Eis _eh_ _t.

d Ich habe Bjorn g_k_nn_.

3 **Write sentences in the perfect tense.**

E.g. Das T-Shirt /25 Mark/kosten →

　　Das T-Shirt hat 25 Mark gekostet.

a Wir/eine Stunde/warten

b Ich/im Büro/arbeiten

c Es/den ganzen Tag/regnen

d Beate/mit Markus/telefonieren

e Wir/Glück/haben

f Georg/in Berlin/studieren

g Ich/ihm/antworten

25 UNIT | Perfect tense + *sein* (1)

Some verbs form the perfect tense with the present tense of the verb sein and a past participle.

A Look at the perfect tense of **fliegen** (*to fly*), which uses **sein**.

ich bin geflogen
du bist geflogen
er/sie/es ist geflogen
wir sind geflogen
ihr seid geflogen
sie sind geflogen
Sie sind geflogen

Wir **sind** nach Spanien **geflogen**.   *We flew to Spain.*

B Most verbs used with **sein** in the perfect tense are verbs of movement. Here are some useful past participles. Most of them take an **-en** ending (strong verbs) but a few take a **-t** ending (weak verbs).

Verb	Past participle	Meaning
fahren	**gefahren**	driven
fallen	**gefallen**	fallen
fliegen	**geflogen**	flown
gehen	**gegangen**	gone
kommen	**gekommen**	come
laufen	**gelaufen**	run
reisen	**gereist**	travelled
reiten	**geritten**	ridden
schwimmen	**geschwommen**	swum
steigen	**gestiegen**	climbed

segeln	**gesegelt**	sailed
wandern	**gewandert**	hiked

Sebastian **ist** um 23 Uhr **gekommen**. *Sebastian arrived at 11 p.m.*
Ich **bin** gestern **gewandert**.   *I went hiking yesterday.*

➤ *See also Units 22, 23, 24, 26; Perfect tense; Unit 88, Irregular Verbs.*

Perfect tense + *sein* (1) – *Exercises*

1 **Complete the sentences with the correct part of the verb *sein*.**

E.g. Ich _____ um neun Uhr gekommen. →
Ich bin um neun Uhr gekommen.

a Wir_____ letzten Sommer nach Amerika geflogen.
b Mara _____ nach Hause gelaufen.
c Sie_____ zum Supermarkt gefahren.
d Alex _____ gestern Abend in die Disko gegangen.
e Warum _____ ihr nicht gekommen?
f Ich _____ in Österreich in den Bergen gewandert.
g _____ ihr gestern in die neue Kneipe gegangen?

2 **Last summer you went on holiday to Spain. Look at the pictures and complete the postcard.**

a fliegen   **b gehen**   **c fahren**

d schwimmen   **e reiten**   **f segeln**

Liebe Julia,

Wir **a *sind*** nach Spanien ***geflogen***. Am Sonntag **b** _____ wir zum Strand _____ . Am nächsten Tag **c** _____ wir in die Berge _____ .
Am Mittwoch **d** _____ Ich im Meer _____ . Klaus und ich **e** _____ am Strand _____ . Am letzten Tag _____ wir **f** _____ . Das war toll!

Deine Claudia

26 UNIT | Perfect tense + *sein* (2)

Some other verbs also use sein *in the perfect tense. Some verbs can use both* haben and sein.

A Useful verbs with **sein** in the perfect tense.

Verb	Past participle	Meaning
bleiben	**geblieben**	*stayed*
sein	**geworden**	*been*
sinken	**gesunken**	*sunk*
sterben	**gestorben**	*died*
werden	**geworden**	*become*
passieren	**passiert**	*happened*
verschwinden	**verschwunden**	*disappeared*

gebären	**geboren**	*born*
geschehen	**geschehen**	*happened*

⚠ Verbs which have a **ge-** prefix do not add a second **ge-**.

Das Baby **ist** am 25. August **geboren**. *The baby was born on 25th August.*
Was **ist** gestern **passiert**? *What happened yesterday?*

B A few verbs which can use either **haben** or **sein** in the perfect tense.

fahren	**gefahren**	*driven*
reiten	**geritten**	*ridden*
schwimmen	**geschwommen**	*swum*
segeln	**gesegelt**	*sailed*

C These verbs use **haben** in the perfect tense when they have a direct object; if there isn't a direct object, they use **sein**.

Ich **bin** nach München **gefahren**. *I drove to Munich.*
Ich **habe** *das Auto* nach München *I drove the car to Munich.*
gefahren.

➤ See also Unit 12, Accusative case; Units 22, 23, 24, 25, Perfect tense; Units 40, 42, Inseparable verbs; Unit 88, Irregular verbs.

1 Fill in the missing letters in these past participles. Then write down the infinitive together with its English meaning.

E.g. g_f_hr_n → gefahren; fahren (*to go*)

a _es_hwo_me_

b ge_it _ _n

c g_w_r_en

d _ew_s_ _

2 Complete the sentences with the perfect tense.

E.g. Ich _____ Arzt _____ . (werden) →
Ich bin Arzt geworden.

a Meine Oma _____ 1925_____ .	(gebären)
b Sie _____ vor drei Jahren _____ .	(sterben)
c Ich _____ zu Hause _____ .	(bleiben)
d _____ Sie schon in Deutschland _____ ?	(sein)
e Herzlichen Glückwunsch! Du _____ Vater_____ .	(werden)

3 Ask questions in the perfect tense using *sein* + past participle.

E.g. Wann/Sie/zu Hause/sein →
Wann sind Sie zu Hause gewesen?

a Wann/Sie/auf der Messe/sein

b Warum/die Fähre/sinken

c Was/mit Ingo/passieren

d Warum/du/gestern/verschwinden

4 *Sein* or *haben*? Underline the correct verb.

E.g. Wir sind/haben nach Frankreich gefahren.

a Ich habe/bin nach Italien gefahren.

b Sie hat /ist das Motorrad gefahren.

c Er hat/ist geritten.

d Ich bin/habe im Atlantik die Yacht gesegelt.

27 UNIT | Simple past (1)

Gestern **besuchte** der
Premierminister Deutschland.

*Yesterday the prime minister
visted Germany.*

A In the simple past, endings are added to the stem of weak verbs. The stem is the infinitive without **-en**. Look at the simple past of **spielen** (*to play*).

ich spiel**te**
du spiel**test**
er/sie/es spiel**te**
wir spiel**ten**
ihr spiel**tet**
sie spiel**ten**
Sie spiel**ten**

Ich spielte Tennis.

I played tennis.

B Verbs ending in **-den**, **-ten**, **-nen** add an extra **-e-** before the endings to make them easier to pronounce.

reden → **ich** red**ete** (*I talked*)
warten → **wir** wart**eten** (*we waited*)
regnen → **es** regn**ete** (*it rained*)

Er **wartete** eine Stunde.

He waited for an hour.

C The simple past is mainly used in written German (newspapers, books) to describe past events, whereas the perfect tense is used more often in spoken German.

- The simple past describes finished actions in written German.
  Jens Lang **arbeitete** in einer Fabrik. *Jens Lang worked in a factory.*

- It expresses the English past continuous form in written and spoken German.
  Während ich Musik hörte,
  telefonierte Silke.

  *While I was listening to music,
  Silke was telephoning.*

- It can express the English *used to*.
  Früher wohnten wir in Heidelberg. *We used to live in Heidelberg.*

➤ See also Unit 28, Simple Past (2); Unit 29, Simple Past (3)

27 UNIT Simple past (1) – Exercises

1 Make six sentences from the table.

E.g. **Es regnete den ganzen Tag.**

Es	spielte	in dem Büro.
Sie	hörtest	**den ganzen Tag**.
Wir	arbeiteten	in München.
Ich	**regnete**	zehn Minuten.
Sie (*she*)	wohnten	mit seiner Frau.
Er	wartete	Musik.
Du	telefonierte	Tennis.

2 Make sentences to say what they bought.

E.g. ich/eine Jeanshose →
    Ich kaufte eine Jeanshose.

a du/ein Auto
b er/eine Jacke
c sie(*they*)/ein Buch
d wir/Bananen
e Sie/einen Fernseher
f ihr/Äpfel
g sie (*she*)/eine Bluse

3 Complete the sentences with the simple past tense.

Wie war das Wetter gestern? (**regnen**)   Es regnete.
a Sie _____ früher in Berlin (**wohnen**).
b Er _____ in einer Fabrik (**arbeiten**).
c Sie _____ Tennis (**spielen**).

28 UNIT Simple past (2)

Some verbs are used in the simple past form in both spoken and written German.

Sie **fuhren** mit dem Bus in die Stadt.
They went to town by bus.

A In the simple past, strong verbs change in the main part of the verb. The endings are added to the new stem.

Look at **gehen** (*to go*) which has the simple past stem **ging**.
ich ging
du ging**st**
er/sie/es **ging**
wir ging**en**
ihr ging**t**
sie ging**en**
Sie ging**en**

B The following strong verbs are used not only in written German but are also frequently used in conversation.

Verb	Simple past stem	Meaning
bleiben	blieb	*stayed*
essen	aß	*ate*
fahren	fuhr	*went, drove*
finden	fand	*found*
geben	gab	*gave*
kommen	kam	*came*
lesen	las	*read*
schwimmen	schwamm	*swam*
sehen	sah	*saw*
treffen	traf	*met*

Ich **traf** einen Freund.   *I met a friend.*

➤ *See also Unit 27, Simple Past (1); Unit 29, Simple Past (3);*
Unit 88, Irregular verbs.

28 UNIT Simple past (2) – Exercises

1 Find six verbs in the simple past in the word square. Then match each verb to a suitable personal pronoun.

E.g. er sah

a ihr
b wir
c es
d du
e Sie

E	G	A	B	T	G	M	P
L	A	S	E	N	I	N	S
R	K	A	M	E	N	Ü	I
I	S	H	O	D	G	H	A
F	N	F	U	H	R	S	T

2 Write sentences in the simple past

E.g. Ich/finden/100,- DM auf der Straße →
Ich fand 100,- DM auf der Straße.

a Wir/essen/Eis
b Erika/fliegen/nach Amerika
c Sie (*They*)/fahren/mit dem Bus
d Er/trinken/Tee
e Du/schreiben/einen Brief

3 Complete the story with the correct form of the simple past from the box. You will need to use one verb more than once.

blieben	gingen	kam	gab	ging	traf

Ich **a** _____ gestern in die Stadt. Im Kaufhaus **b** _____ ich meine Freunde und wir **c** _____ ins Cafe. Es **d** _____ Kaffee und Kuchen. Danach **e** _____ wir ins Kino. Es **f** _____ ein James Bond Film. Dann **g** _____ wir bis 1.00 Uhr in der Kneipe.

29 UNIT | Simple past (3)

The irregular verbs haben, sein *and* werden *have irregular forms in the simple past. Mixed verbs also follow a different pattern.*

A The simple past form of **haben** and **sein** is used in written and spoken German much more frequently than the perfect tense. **Haben** has an irregular stem and takes weak verb endings, whereas **sein** has an irregular stem and adds strong verb endings.

haben	*to have*
ich ha**tte**	wir ha**tten**
du ha**ttest**	ihr ha**ttet**
er/sie/es ha**tte**	sie ha**tten**
	Sie ha**tten**

Ich **hatte** zwei Wochen Urlaub. *I had two weeks' holiday.*

sein	*to be*
ich war	wir war**en**
du war**st**	ihr war**t**
er/sie/es war	sie war**en**
	Sie war**en**

Im Sommer **war** er in Italien. *He was in Italy in the summer.*

B Mixed verbs have an irregular verb stem. They take weak verb endings.

bringen → **ich brachte** *(I brought)*
denken → **ich dachte** *(I thought)*
kennen → **ich kannte** *(I knew (a person))*
wissen → **ich wusste** *(I knew (a fact))*

Ich **wusste**, dass es spät war. *I knew it was late.*

C The verb **werden** *(to become)* also has an irregular stem (**wurde**) and takes strong verb endings.

Ich **wurde** müde. *I became tired.*

D The separable prefix of separable verbs goes to the end of the sentence.
anfangen *(to start)*

Das Konzert **fing** um 20 Uhr **an**. *The concert started at 8 pm.*

► *See also Unit 27, Simple Past (1); Unit 28, Simple Past (2);*
Unit 39, Separable verbs: Present.

1 Use the simple past to say where these people were in the summer.

E.g. Wir/Spanien →
   Wir waren in Spanien.

a Angelika/Frankreich

b Du/Italien

c Andrea und Boris/England

d Johannes/Deutschland

e Ich/Amerika.

2 Complete the sentences with the correct form of *haben* or *sein*.

E.g. **Ich _____ keine Zeit.** →
   Ich hatte keine Zeit.

a Er _____ vorgestern Kopfschmerzen.

b Gestern nachmittag _____ ich in der Stadt.

c Wir _____ einen Unfall auf der Autobahn.

d Sie (*She*) _____ Glück.

e Ich _____ letzte Woche krank.

f Wo _____ du am Samstag?

g Ich _____ eine Woche Urlaub.

3 What is the simple past form of these verbs?

E.g. **bringen (ich) →**
   ich brachte

a wissen (er)

b denken (ich)

c anfangen (wir)

d werden (ich)

30 UNIT Modal verbs: present (1)

There are six modal verbs in German. They are used to make requests, ask permission, etc. and are often used with another verb.

A The modal verbs in German are:
   dürfen (*to be allowed to*)
   können (*to be able to*)
   mögen (*to like*)
   müssen (*to have to*)
   sollen (*to be supposed to*)
   wollen (*to want to*)

B **dürfen** (*to be allowed to, may*)
   ich darf
   du darfst
   er/sie/es/man darf
   wir dürfen
   ihr dürft
   sie dürfen
   Sie dürfen

   Ich **darf** nicht **rauchen**.   *I'm not allowed to smoke.*

Man (*one*) takes the **er/sie/es** part of the verb, and is often used to say what one can/may/must (not) do.
   Man darf hier (nicht) **parken**.   *One is (not) allowed to park here.*

C **können** (*to be able to, can*)
   ich kann
   du kannst
   er/sie/es kann
   wir können
   ihr könnt
   sie können
   Sie können

   Ich **kann** Deutsch **sprechen**.   *I can speak German.*
   Wir **können** das Theater **besuchen**. *We can visit the theatre.*

D Modal verbs are normally used with another verb in the infinitive. This verb goes to the end of the sentence.
   Er **kann** gut **schwimmen**.   *He can swim well.*

➤ *See also Unit 31, Modal verbs: present (2)*

1 What is one not allowed to do here?

E.g. rauchen →
   Man darf hier nicht rauchen.

a parken
b baden
c fotografieren
d essen

2 What can these people do at the weekend?

E.g. Wir/ins Konzert →
   Wir können ins Konzert gehen.

a ihr/ins Kino
b wir/zum Fußball
c sie (*they*)/zum Weinfest
d du/ins Theater
e Renate/ins Jazzhaus
f Lorenz/zum Schwimmbad

3 What can you do in these cities this week?

E.g. Köln/dieAusstellung/besuchen →
   Du kannst die Austellung in Köln besuchen.

a Mannheim/das Museum/besuchen
b Düsseldorf/zum Fußballspiel/gehen
c Hamburg/das Theater/besuchen
d München/zum Oktoberfest/gehen
e Stuttgart/die Messe/besuchen
f Basel/zur Modenschau/gehen

31 UNIT | Modal verbs: present (2)

Mögen *(to like)*, müssen *(to have to)*, sollen *(to be supposed to)* and wollen *(to want to)* are the other four modal verbs in German.

A **mögen** *(to like)*

ich mag	wir mögen
du magst	ihr mögt
er/sie/es mag	sie mögen
	Sie mögen

Er **mag** Golf **spielen**.   *He likes playing golf.*

Mögen is often used with a noun.

Ich **mag** Tee.   *I like tea.*

B **müssen** *(to have to, must)*

ich muss	wir müssen
du musst	ihr müsst
er/sie/es muss	sie müssen
	Sie müssen

Ich **muss** zur Arbeit **gehen**.   *I must go to work.*

⚠ müssen + nicht = needn't

C Ich **muss nicht** morgen **arbeiten**.   *I don't have to/needn't work tomorrow.*

sollen *(to be supposed to, should)*

ich soll	wir sollen
du sollst	ihr sollt
er/sie/es soll	sie sollen
	Sie sollen

Ich **soll** zum Arzt **gehen**.   *I should go to the doctor's.*

D Du **sollst** eine Fahrkarte **kaufen**.   *You should buy a ticket.*

wollen *(to want to)*

ich will	wir wollen
du willst	ihr wollt
er/sie/es will	sie wollen
	Sie wollen

Er **will** seine Oma **besuchen**.   *He wants to visit his grandma.*
Sie **wollen** ins Kino **gehen**.   *They want to go to the cinema.*

➤ *See also Unit 30, Modal verbs: present (1)*

31 UNIT Modal verbs: present (2) – Exercises

1 Say what these people like doing.

E.g. Ich/schwimmen → Ich mag schwimmen.

a Susi/Tischtennis spielen
b Karin und Sonja/Ski fahren
c Wolfgang/Motorrad fahren
d Wir/Snowboarding

2 Where do they want to go?

E.g. Er/nach Paris → Er will nach Paris fahren.

a Ich/nach Rom
b Wir/nach Barcelona
c Sie (*They*) nach Hamburg
d Sie (*She*) /nach Wien
e Ihr/nach Mainz
f Herr Muser/Freiburg

3 Add the correct form of the verbs.

E.g. Wir _____ zum Zahnarzt _____ . (sollen/gehen) →
Wir sollen zum Zahnarzt gehen.

a Er _____ samstags _____ . (müssen/arbeiten)
b _____ du Karten _____ ? (wollen/spielen)
c Ich _____ Krimis. (mögen)
d Alexander _____ uns im Garten _____ . (sollen/helfen)
e Die Kinder _____ nicht _____ . (müssen/warten)

32 Unit | Modal verbs: simple past

In the simple past, four of the six modal verbs are irregular. They are used in both written and spoken German.

A dürfen → ich durfte (*I was allowed to*)
können → ich konnte (*I was able to, I could*)
mögen → ich mochte (*I liked*)
müssen → ich musste (*I had to*)
sollen → ich sollte (*I was supposed to*)
wollen → ich wollte (*I wanted to*)

B To form the simple past, the following endings are added to the verb stem.

ich	**-te**	wir	**-ten**
du	**-test**	ihr	**-tet**
er/sie/es	**-te**	sie	**-ten**
		Sie	**-ten**

C If the vowel of the stem has an umlaut, the umlaut is dropped.

ich	konnte
er	mochte
wir	mussten

können (*to be able to*)

ich konn**te**	wir konn**ten**
du konn**test**	ihr konn**tet**
er/sie/es konn**te**	sie konn**ten**
	Sie konn**ten**

Ich konnte mit sechzehn Motorrad fahren.   *I was able to ride a motorbike at sixteen.*

D Modal verbs are normally used with another verb in the infinitive. This verb goes to the end of the sentence.

Wir durften vor dem Hotel parken.   *We were allowed to park in front of the hotel.*

Sie **mochte reiten**.   *She liked riding.*
Sie **mussten** eine Stunde **warten**.   *They had to wait an hour.*
Er **sollte** das Auto **waschen**.   *He was supposed to wash the car.*
Ich **wollte** neue Schuhe **kaufen**.   *I wanted to buy some new shoes.*

➤ See also Unit 30, Modal verbs: present (1); Unit 31, Modal verbs: present (2)

32 UNIT Modal verbs: simple past – *Exercises*

1 Read the story and underline the modal verbs.

An einem sonnigen Tag ging Tina, ein kleines Mädchen, vom Kindergarten nach Hause. Zuerst musste sie an dem Bäckerladen vorbei, dann an der Schule und schon konnte sie das Haus ihrer Eltern sehen. Tina wollte am Nachmittag im Garten spielen. Sie durfte ihre Freundinnen einladen. Die Kinder aßen Eis und um fünf Uhr mussten sie alle nach Hause gehen.

2 Make sentences using the simple past.

E.g. **Er/im Wald/spazieren/wollen →**
Er wollte im Wald spazieren.

a Ich/ins Konzert/gehen/wollen
b Frau Kramer/im Büro/arbeiten/sollen
c Sie (*They*) /zu Hause/bleiben/können
d Wir/meine Tante/besuchen/wollen
e Er/zur Bank/gehen/müssen

3 Complete the letter with suitable verbs from the box. You will need to use one verb twice.

sollen	können	dürfen	müssen	wollen

Berlin, den 2. April

Liebe Martina,

Ich **a** _____ letzte Woche schreiben, aber ich hatte keine Zeit. Mein Bruder Michael und ich **b** _____ vor zwei Wochen in Urlaub fahren, aber er war krank. Deshalb **c** _____ wir zu Hause bleiben. Michael **d** _____ im Bett bleiben. Er hatte Halsschmerzen und **e** _____ nicht reden! Er **f** _____ auch nichts essen.

Ich komme dich bald besuchen.

Deine Katrin

33 UNIT | The future tense

The future tense is used to describe what is going to happen in the future.

Sebastian **wird** im Juli in die
Alpen **fahren**.
Sebastian is going (to drive) to the Alps in July.

A The future tense is formed with the present tense of the verb **werden** (*to become*) plus an infinitive.

ich **werde**
du **wirst**
er/sie/es **wird**
wir **werden**
ihr **werdet**
sie **werden**
Sie **werden**

Ich **werde** nächste Woche nach   *I'm going to fly to Paris next week.*
Paris **fliegen**.

B The part of **werden** takes the first verb position (second idea) in the sentence. The infinitive goes to the end.

Sie **werden** Tennis **spielen**.   *They are going to play tennis.*
Morgen **wird** er **kommen**.   *He'll come tomorrow.*
Wir werden am Montag auf der   *We are going to be at the trade fair*
Messe in Basel **sein**.   *in Basel on Monday.*

C In German, the present tense is often used to talk about future plans. In English, we use the present continuous.

Morgen Abend **gehen** wir ins Kino.   *We're going to the cinema tomorrow evening.*

➤ See also Unit 70, Word order in statements

1 **Complete the sentences with the correct form of *werden*.**

E.g. Ich _____ Samstag abend ins Theater gehen. →
Ich werde Samstag abend ins Theater gehen.

a Oliver und Birgit _____ im Sommer nach Italien fliegen.

b Ich _____ heute Abend Tanja besuchen.

c _____ du heute Nachmittag mitkommen?

e Erika _____ im Dezember eine Prüfung machen.

d Wir _____ übermorgen in der Stadt einkaufen.

2 **Everyone's going on holiday next week. Where will they be?**

E.g. Annette/Rom → Annette wird in Rom sein.

a Klaus und Ines/Spanien

b Du/Australien

c Ich/Italien

d Wir/China

e Franz/Frankreich

f Ihr/England

3 **What will Herr Rainer be doing next Tuesday?**

E.g. Herr Rainer wird um 09.00 Uhr zum Flughafen fahren.

DIENSTAG	
09.00	zum Flughafen fahren
a 11.15	nach Rom fliegen
b 12.00	Herrn Sachs treffen
c 14.00	auf die Messe gehen
d 18.00	mit Frau Antonio essen
e 21.00	ins Theater gehen

34 UNIT | Reflexive verbs

Reflexive verbs are for describing a person or a thing doing something to himself/herself or itself.

A Reflexive verbs are made up of a main verb and a reflexive pronoun.

Ich	wasche	mich.	*I wash myself/I get washed.*
subject	*verb*	*reflexive pronoun*	

B The accusative reflexive pronouns are **mich, dich, sich, uns, euch** and **sich**.

SICH DUSCHEN (*to shower (oneself)/have a shower*)

ich dusche **mich**	**wir** duschen **uns**
du duschst **dich**	**ihr** duscht **euch**
er/sie/es duscht **sich**	**sie** duschen **sich**
	Sie duschen **sich**

C Some verbs are reflexive in German but not in English.

sich **beeilen** (*to hurry*)
sich **entschuldigen** (*to apologise*)
sich **freuen auf** (*to look forward to*)
sich **interessieren für** (*to be interested in*)
sich **kämmen** (*to comb one's hair*)
sich **rasieren** (*to shave*)
sich **schminken** (*to put on one's make-up*)
sich **treffen** (*to meet*)

D With separable verbs, the separable prefix goes to the end of the sentence.

sich **an**ziehen → Er zieht sich **an**.   *He gets dressed.*
sich **aus**ziehen → Ich ziehe mich **aus**. *I get undressed.*
sich **um**ziehen → Wir ziehen uns **um**. *We get changed.*

E If you use a reflexive verb with a part of the body or an article of clothing, you use a dative reflexive pronoun. These are the same as the accusative reflexive pronouns except for the *I* and *you* forms.

ich → mir

Ich putze **mir** die Zähne.	*I clean my teeth.* (lit. *I clean to me the teeth*)

du → dir

Du ziehst **dir** ein Hemd an.	*You put a shirt on.*

➤ *See also Units 18, 19, 20, Present tense; Unit 39, Separable verbs.*

1 Add the correct reflexive pronoun to each sentence.

E.g. Ich ziehe _____ aus. (sich ausziehen) →
Ich ziehe mich aus.

a Ich wasche _____ (sich waschen)
b Sie (*They*) beeilen _____ . (sich beeilen)
c Sie (*She*) freut _____ auf den Urlaub. (sich freuen)
d Er rasiert _____ jeden Morgen. (sich rasieren)
e Wir treffen _____ am Bahnhof. (sich treffen)
f Du wäschst _____ die Hände. (sich waschen)

2 Describe what Elke does every morning.

E.g. (sich duschen) Elke duscht sich.

a (sich die Zähne putzen)
b (sich anziehen)
c (sich das Haar kämmen)
d (sich schminken)

3 Write sentences describing what they are putting on today.

E.g. Miriam/ein Kleid →
Miriam zieht sich ein Kleid an.

a Erika/eine Jeans
b ich/ein Hemd
c Elke/eine Jacke
d Max/Schuhe

4 Translate these sentences into German.

E.g. I have a shower →
Ich dusche mich.

a I get dressed.
b I comb my hair.
c I clean my teeth.
d I put a shirt on.
e I get washed.

35 UNIT | Conditions (1)

Wenn es morgen sonnig ist, gehen wir reiten.
If it's sunny tomorrow, we'll go riding.

A Conditional sentences have a **wenn** clause and a main clause, which are separated by a comma.

Wenn du **kommst**,] [**spielen** wir Tennis.] *If you come, we'll play tennis.*
wenn clause. *main clause.*

B If you want to say that something will probably happen in the future, you use the present tense in the **wenn** clause and the present or future tense in the main clause.

Wenn es morgen **regnet**, **gehe** ich ins Kino.
wenn + present *present* } *If it rains tomorrow,*

Wenn es morgen **regnet**, **werde** ich ins Kino **gehen**. } *I'll go to the cinema.*
wenn + present *future*

C In the **wenn** clause, the verb goes to the end. The main clause starts with the verb and the subject is the second idea. In the future tense, the second verb (infinitive) goes to the end.

Wenn ich Zeit **habe**, **werde** ich *If I have time, I'll visit Ruth.*
Ruth **besuchen**.
wenn clause *main clause*

D The German word **wenn** means both *if* and *when(ever)*.

Wenn ich frühstücke, trinke ich *If/When I have breakfast, I drink*
Kaffee. *coffee.*

➤ *See also Units 18, 19, 20, Present tense; Unit 33, Future tense,*
Unit 36, Conditions (2); Unit 72, Subordinating conjunctions.

1 **Match up the two halves of the sentences and underline the verbs.**

a **Wenn es regnet** …   **1** … macht er eine Fahrradtour.
b Wenn du kommst …   **2** … **gehe ich ins Museum.**
c Wenn er morgen Zeit hat …   **3** … werde ich kochen.
d Wenn ich heute zu Hause bin …   **4** … werden wir Tischtennis spielen.

a	b	c	d
2			

2 **Put each sentence into the right order, starting with *wenn*.**

E.g. besuche/ich/habe /Zeit/wenn/ich/meine Oma →
     Wenn ich Zeit habe, besuche ich meine Oma.

a er/kommt/verpasst/zu spät/den Zug/wenn/er
b ich/werde/eine Jacke/wenn/habe/Geld/kaufen/ich
c sie/kommt/wenn/nach/wir/Kuchen/Hause/essen/werden

3 **Make sentences**

E.g. kalt + ich/Ski fahren/gehen →
     Wenn es morgen kalt ist, gehe ich Ski fahren.

a sonnig/er/schwimmen/gehen
b windig/wir/nicht spazieren/gehen
c regnet/Mara/Musik/hören
d schön/ich/reiten/gehen
e schneit/Bernd und Klaus/ins Kino/gehen
f nebelig/Tina/zu Hause/bleiben

36 UNIT Conditions (2)

The second type of conditional sentence in German expresses greater uncertainty about a situation.

A Unreal or unfulfilled conditions are expressed with either the subjunctive 2 form of the verb by **würde(n)** + infinitive.

Note the word order after **wenn**.

Wenn ich Geld **hätte**, **würde** ich ein Ferienhaus **kaufen**.
Wenn subjunctive infinitive
If I had money, I would buy a holiday home.

B The subjunctive 2 is formed by taking the stem of the **er/sie/es** form of the simple past tense, adding the endings **-e**, **-est**, **-e -en**, **-et**, **-en**, **-en**, and adding an umlaut (**ä**, **ö**, **ü**) to the vowels (**a**, **o** or **u**) in the stem.

werden (*to become*)
ich w**ü**rd**e**
du w**ü**rd**est**
er/sie/es w**ü**rd**e**
wir w**ü**rd**en**
ihr w**ü**rd**et**
sie w**ü**rd**en**
Sie w**ü**rd**en**

C Other subjunctive 2 forms
haben → ich **hätte** (*I would have*)
sein → ich **wäre** (*I would be*)
gehen → ich **ginge** (*I would go*)
kommen → ich **käme** (*I would come*)

Wenn er reich **wäre**, **würde** er zwei   *If he (would be) were rich, he would*
Autos kaufen.   *buy two cars.*

➤ See also Units 27, 28, 29, Simple Past; Unit 35; Conditions (1); Unit 72, Subordinating conjunctions.

1 If you were on holiday in the Alps what would you take with you?

> *E.g.* ein Zelt/mitnehmen →
> Wenn ich in den Alpen wäre, würde ich ein Zelt mitnehmen.

a einen Schlafsack/mitnehmen
b Wanderstiefel/tragen
c einen Rucksack/mitnehmen
d eine Regenjacke/tragen

2 What would Jürgen and Erika do if they came to Freiburg?

> *E.g.* das Münster besichtigen →
> Wenn sie nach Freiburg kämen, würden sie das Münster besichtigen.

a ein Weinfest besuchen
b in den Schwarzwald fahren
c die Stadt besichtigen
d den Markt besuchen
e ins Theater gehen

3 Where would they go if they had time?

> *E.g.* Julia/Italien →
> Wenn Julia Zeit hätte, würde sie nach Italien fahren.

a er/nach Frankreich
b ich/nach China
c wir/nach Dänemark
d Marion/nach Indien

4 What would you do if you had money?

> *E.g.* ein Auto kaufen →
> Wenn ich Geld hätte, würde ich ein Auto kaufen.

a in Urlaub fahren
b eine Wohnung kaufen
c nach Australien fliegen
d ein Boot kaufen

37 | UNIT | Polite requests

Polite requests, like unreal conditions, use the subjunctive 2 form of the verb.

A The verbs **haben**, **mögen**, **können** and **werden** are often used to express a polite request.

Ich **hätte** gern einen Kaffee.   *I'd like a coffee.*

B The formation of the subjunctive 2 is described in Unit 36. Here is the imperfect subjunctive of:

können (*to be able to, can*)

ich könnte	wir könnten
du könntest	ihr könntet
er/sie/es könnte	sie könnten
	Sie könnten

Könnten Sir mir bitte **helfen**?   *Could you help me, please?*
Könntest du mir bitte die Schere   *Could you give me the scissors?*
  geben?

C **mögen** (*to like*)

ich **möchte**.   *I would like.*
Möchtest du eine Tasse Tee?   *Would you like a cup of tea?*
Ich **möchte** zwei Kilo Bananen.   *I'd like two kilos of bananas.*

D **werden** (*to become*)

ich **würde**   I would
Würden Sie bitte die Tür aufmachen? *Would you open the door, please?*

E **haben** (*to have*)

ich **hätte**   I would have
Wenn ich reich **wäre**, **hätte** ich   *If I were rich, I would have a big*
  ein großes Haus.   *house.*

⚠ Haben + gern means *to like*.

Ich **hätte gern** ein Stück Kuchen.   *I'd like a piece of cake.*

➤ See also Unit 36, Conditions (2); Units 27, 28, 29, Simple past.

Put a verb from the box into each sentence to make a polite request.

möchtest	hätte gern	möchte	würden	könnten

a Ich _____ einen Tee.
b _____ Sie mir bitte helfen?
c _____ Sie bitte das Fenster aufmachen?
d _____ du ein Stück Kuchen?
e Ich _____ gern einen Kaffee.

What would they like to eat?

E.g. **Starters**
Ich hätte gern Tomatensuppe.
Michael möchte Tomatensalat.

Main Course
a Ich …
b Michael …

Dessert
c Ich …
d Michael …

> SPEISEKARTE
>
> **Vorspeisen**
> Tomatensuppe
> Tomatensalat
>
> **Hauptgerichte**
> Rinderrouladen
> Hühnerfrikassee
>
> **Desserts**
> gemischtes Eis
> Apfelstrudel

Make polite requests

E.g. **werden/die Speisekarte geben** →
Würden Sie mir die Speisekarte geben?
a werden/das Fenster schließen
b können/mir das Wort erklären
c werden/mir ein Bier bringen
d können/einen Moment warten

38 UNIT Impersonal verbs

Some expressions in German use the es form of the verb as an impersonal subject in the sentence.

A The expression **es gibt** (*there is/there are*) is followed by the accusative case.

Es gibt einen Supermarkt. (*m.*)	*There is a supermarket.*
Es gibt zwei Banken. (*pl.*)	*There are two banks.*

B Some weather expressions use **es** (*it*) as the subject.

es **regnet** (*it's raining*)
es **donnert** (*it's thundering*)
es **schneit** (*it's snowing*)
es ist **nebelig** (*it's foggy*)
es **friert** (*it's freezing*)
es **blitzt** (*it's lightning*)
es ist **kalt** (*it's cold*)
es ist **windig** (*it's windy*)

C Other expressions with **es**.

Wie geht es dir/euch/Ihnen?	*How are you?*
Es macht nichts.	*It doesn't matter.*
Es tut **mir** Leid.	*I'm sorry.*
Es tut **mir** weh.	*It hurts (me).*
Es geht **mir** gut/schlecht.	*I'm well/not well.*
Es schmeckt **mir** gut/nicht.	*I like/don't like it.* (taste)
Es paßt/steht **mir** gut.	*It fits/suits me.*
Es macht Spaß.	*It's fun.*
Es gefällt **mir** (nicht).	*I (don't) like it.*
Es ist **mir** egal.	*I don't mind.*
Es ist **mir** warm/kalt.	*I'm hot/cold.*

⚠ The dative personal pronouns **mir** (*me*), **dir** (*you*), **ihm** (*him*), **ihr** (*her*), etc. change according to the person being described.

Es tut **ihm** Leid.	*He's sorry.*
Es gefällt **ihr**.	*She likes it.*

 > See also Unit 12, Accusative case; Unit 51, Personal pronouns (3).

38 UNIT Impersonal verbs – Exercises

1 Describe this office. Complete the sentences with *es gibt* + accusative.

E.g. Computer (*m.*) →
   Es gibt einen Computer.

a Lampe (*f.*)
b Schreibtisch (*m.*)
c Stuhl (*m.*)
d Telefon (*nt.*)
e Stift (*m.*)
f Akte (*f.*)

2 What's the weather like? Translate these expressions into German.
   a It's raining.
   b It's windy.
   c It's snowing.
   d It's foggy.

3 Make sentences from the words in the box which correspond to the translations.

Leid	~~ihm~~	egal	~~gefällt~~	gut	ist	weh	mir
	ihr	tut	kalt	geht	mir		

E.g. He likes it. Es … →
   Es gefällt ihm.
a *She doesn't mind.* Es …
b *It hurts (me).* Es …
c *It's cold.* Es …
d *I'm sorry.* Es …

39 UNIT | Separable verbs: present

> A group of verbs known as separable verbs are made up pf two parts: a prefix and a verb.

Ich **stehe** um 7 Uhr **auf**.
I get up at 7 o'clock.

A A separable verb has a prefix which separates from the rest of the verb and goes to the end of the sentence.

    ankommen   *to arrive*

    Der Zug **kommt** um 9.25 Uhr **an**.   *The train arrives at 9.25.*

B When the verbs themselves are used on their own (without a prefix), they have a different meaning.

    ziehen (*to pull*); ausziehen (*to undress*)

C Common separable prefixes are **ab-**, **an-**, **auf-**, **aus-**, **ein-**, **mit-**, **um-**, **zu-**, and **zurück-**.

D Useful separable verbs

    abholen (*to fetch*)
    abfahren (*to depart*)
    ankommen (*to arrive*)
    anrufen (to phone)
    sich anziehen (*to get dressed*)
    aufstehen (*to get up*)
    aussteigen (*to get out/off*)
    einsteigen (*to get in/on*)
    fernsehen (*to watch TV*)
    stattfinden (*to take place*)
    teilnehmen (*to take part*)
    umsteigen (*to change (trains, buses, etc.)*)
    zurückfahren (*to travel back*)

Herr Bock **nimmt** an dem   *Mr Bock is taking part in the*
  Deutschkurs **teil**.   *German course.*

➤ See also Units 18, 19, 20, Present tense.

1 **Match a prefix to each of the verbs and give the English meaning.**

auf	statt	fern	~~um~~	an	ab	zurück

E.g. _____steigen → umsteigen (*to change (trains)*)

a _____kommen

b _____sehen

c _____stehen

d _____finden

e _____holen

f _____fahren

2 **Make sentences using the information given.**

E.g. Dieter/um sieben Uhr/aufstehen → Dieter steht um sieben Uhr auf.

a Wir/in Düsseldorf/umsteigen

b Er/nach Hameln/zurückfahren

c Ich/in der Burgstraße/aussteigen

d Die Messe/in Köln/stattfinden.

e Ich/dich morgen Abend/anrufen

3 **Answer the questions using the information given.**

E.g. Wann kommt der Zug an? `20:40` →
Der Zug kommt um 20.40 Uhr an.

a Wann fährt der Bus ab? `11:15`

b Wann fährt er zurück? `15:00`

c Wann stehst du auf? `06:30`

d Wann ruft sie an? `14:00`

e Wann kommt der Bus an? `13:25`

f Wann findet der Deutschkurs statt? `19:30`

40 UNIT Inseparable verbs: present

An inseparable verb has a prefix which never separates from the rest of the verb.

A Inseparable verbs take the same endings as any other verb.

Evi **bestellt** ein Buch.   *Evi orders a book.*

B Common prefixes for inseparable verbs:

be-, emp-, ent-, er-, ge-, über-, ver- and **zer-**.

C Useful inseparable verbs

beginnen (*to begin*)
bekommen (*to get, receive*)
bestellen (*to order*)
bezahlen (*to pay*)
empfehlen (*to recommend*)
übernachten (*to stay overnight*)
übersetzen (*to translate*)
verdienen (*to earn*)
verkaufen (*to sell*)
verlieren (*to lose*)
verstehen (*to understand*)
wiederholen (*to repeat*)

Frau Homann **verdient** DM 3 000 im Monat.	*Ms Homann earns DM 3,000 a month.*
Wir **übernachten** in einer Pension.	*We are staying the night in a guest house.*
Ich **verstehe** Sie nicht.	*I don't understand you.*
Die Bäckerei **verkauft** Brötchen.	*The baker's sells bread rolls.*
Susi **bekommt** einen Brief.	*Susi receives a letter.*

➤ See also Units 18, 19, 20, Present tense.

40 | Inseparable verbs: present – *Exercises*

1 Match each German verb on the left with an English verbs on the right.

a ich übernachte   1 he translates
b wir empfehlen   2 I repeat
c er übersetzt   3 she receives
d du verstehst   4 it starts
e ich wiederhole   **5 I stay overnight**
f sie bekommt   6 you lose
g ihr verliert   7 we recommend
h es beginnt   8 you understand

a	b	c	d	e	f	g	h
5							

2 Complete each sentence with the verb in brackets in the present tense.

E.g. Ich _____ mit EC-Karte. (bezahlen) →
Ich **bezahle** mit EC-Karte.

a Das Theater _____ um 21 Uhr. (beginnen)
b Wir _____ Deutsch und Französisch. (verstehen)
c Die Post _____ Briefmarken. (verkaufen)
d Die Familie Lenz _____ in einem Gasthaus in Kitzbühel. (übernachten)
e Heute _____ wir Schnitzel mit Brokkoli und Pommes Frites. (empfehlen)

3 Fill in the gaps with an appropriate verb in the present tense.

übersetzen	bestellen	bezahlen	übernachten	verstehen

Julie und Richard sind Engländer. Sie fahren mit der Fähre nach Deutschland. In Hamburg **a** _____ sie im Hotel Möwenpick. Am nächsten Morgen **b** _____ Richard die Rechnung mit Euroscheck. Mittags gehen sie in ein Restaurant. Julie **c** _____ gut Deutsch und sie **d** _____ die Speisekarte für Richard. Er **e** _____ das Steak.

4 Translate these sentences into German

E.g. **I always translate your letters.** →
Ich übersetze immer deine Brief.

a I am staying overnight in Berlin.
b I understand German.
c Frank earns 2,000 DM a week.
d Mr Lenz sells cars.

41 UNIT | Separable verbs: perfect

Separable verbs are verbs with two parts. They form their past participles in a different way to other verbs in the perfect tense.

Ich **habe** mein Zimmer **aufgeräumt**. *I've tidied up my room.*
Wir **sind** um acht Uhr **aufgestanden**. *We got up at eight o'clock.*

A Separable verbs form the past participle by adding **-ge-** after the separable prefix and take either a **-t** ending (weak verbs) or an **-en** ending (strong verbs).

weak verbs:
  prefix + **ge** + **-t** ending
  aufräumen → **aufge**räum**t**
strong verbs:
  prefix + **ge** + **-en** ending
  aufstehen → **aufge**stand**en**

B Some common separable verbs use **haben** in the perfect tense.

Verb	Past participle	Meaning
aufräumen	**aufgeräumt**	*tidied up*
kennenlernen	**kennengelernt**	*got to know*
einladen	**eingeladen**	*invited*
fernsehen	**ferngesehen**	*watched TV*

Ich **habe** Dieter **eingeladen**.   *I've invited Dieter.*

C Some separable verbs use **sein** in the perfect tense.

Verb	Past participle	Meaning
ankommen	**angekommen**	*arrived*
aufstehen	**aufgestanden**	*got up*
ein/aussteigen	**ein/ausgestiegen**	*got on/off (bus, etc.)*
umziehen	**umgezogen**	*moved (house)*
zurückfahren	**zurückgefahren**	*returned*

Silvia **ist** in Frankfurt **angekommen**. *Silvia arrived in Frankfurt.*

1 **Say whether these verbs are weak (*-t* participle ending) or strong (*-en* participle ending) and give the past participle.**

a zurückfahren

b aufräumen

c kennenlernen

d ankommen

e einsteigen

f aussteigen

g fernsehen

2 **Choose a suitable prefix from the box to complete each past participle.**

fern	~~auf~~	aus	ein	auf	kennen

E.g. **Er ist um halb sieben _____ gestanden. →**
Er ist um halb sieben *auf*gestanden.

a Ich habe Petra _____geladen.

b Die Kinder haben ihr Zimmer _____geräumt.

c Ich habe gestern Abend _____gesehen.

d Frau Stärk ist in Hameln _____gestiegen.

e Wo hast du Anna _____gelernt?

3 **Complete the sentences with the correct part of *haben* or *sein*.**

E.g. **Ich _____ Claudia abgeholt. →**
Ich habe Claudia abgeholt.

a Er _____ Annette zu seiner Geburtstagsparty eingeladen.

b Evi _____ um 19.00 Uhr angekommen.

c Wir _____ in den Zug eingestiegen.

d Ich _____ Lothar 1995 kennengelernt.

e Meine Frau _____ gestern um 6.30 Uhr zurückgefahren.

4 **Complete the sentences with the past participle of the verbs in brackets.**

E.g. **Der Zug ist um 20.03 Uhr _____ . (ankommen) →**
Der Zug ist um 20.03 Uhr angekommen.

a Ich bin im letzten Sommer nach Hamburg _____ . (umziehen)

b Paul hat mich zu seiner Fete _____ . (einladen)

c Ich habe heute _____ . (fernsehen)

d Laura ist um neun Uhr _____ . (aufstehen)

e Wir haben Martina in Rom _____ . (kennenlernen)

42 UNIT Inseparable verbs: perfect

Ich **habe** zwanzig Mark für die Lampe **bezahlt**.
I paid twenty marks for the lamp.

A Inseparable verbs form their past participles without **ge-** and take either **-t** (weak verbs) or **-en** (strong verbs) as an ending.

bestellen → bestellt (*ordered*)
beginnen → begonnen (*began*)

Herr Schumacher **hat** einen Computer **bestellt**.	*Mr Schumacher has ordered a computer.*
Die Konferenz **hat** um neun **begonnen**.	*The conference began at nine.*

B A lot of inseparable verbs use **haben** in the perfect tense.

Verb	Past participle	Meaning
bestellen	bestellt	*ordered*
bezahlen	bezahlt	*paid*
übernachten	übernachtet	*stayed overnight*
übersetzen	übersetzt	*translated*
verdienen	verdient	*earned*
verkaufen	verkauft	*sold*
beginnen	begonnen	*began*
bekommen	bekommen	*received*
entscheiden	entschieden	*decided*
verlieren	verloren	*lost*
versprechen	versprochen	*promised*
verstehen	verstanden	*understood*

Ich **habe** meinen Regenschirm **verloren**.   *I've lost my umbrella.*

   ➤ See also Unit 40, Inseparable verbs: present; Unit 88, Irregular verbs.

42 UNIT Inseparable verbs: perfect – *Exercises*

1 Complete each sentence with the past participle of the verb in brackets.

> *E.g.* **Kirsten hat einen Blumenstrauß _____ . (bekommen)** →
> **Kirsten hat einen Blumenstrauß bekommen.**

a Was hast du _____ ? (verlieren)

b Ich habe es Jutta _____ . (versprechen)

c Wir haben in einem Hotel _____ . (übernachten)

d Wolfgang hat sein Auto _____ . (verkaufen)

e Ich habe mich noch nicht _____ . (entscheiden)

f Wieviel habt ihr für den Computer _____ ? (bezahlen)

g Ich habe einen Tisch _____ . (bestellen)

2 Make sentences in the perfect tense.

> *E.g.* **Ich/den Brief/übersetzen** →
> **Ich habe den Brief übersetzt.**

a Er/100,- DM/verdienen

b Der Film/um 20 Uhr/beginnen

c Wir/ein Fahrrad/verkaufen

d Ich/ein Paket/bekommen

e Sie/im Hotel/übernachten

f Du/die Frage/verstehen?

3 Translate these sentences into German using the perfect tense.

> *E.g.* **I've lost my wallet.** →
> **Ich habe meine Brieftasche verloren.**

a We stayed overnight in Venice. (**Venedig**).

b David paid 20 DM.

c I ordered a gateau. (**eine Torte**).

d The meeting (**die Besprechung**) began at 9.30.

85

The verb lassen *has several meanings in German.*

A Ich **lasse** mir die Haare **schneiden**. *I am having my hair cut.*

The present tense of **lassen**
ich lasse
du lässt
er/sie/es lässt
wir lassen
ihr lässt
sie lassen
Sie lassen

B **Lassen** can mean *to have something done.* You use the appropriate tense (present, past) of the verb **lassen** + the infinitive form of the second verb. The infinitive goes to the end of the sentence. (In English, the second verb is a past participle.)

Ich **lasse** das Auto **reparieren**.   *I'm having the car repaired*

C In German, the dative personal pronouns are used when referring to parts of the body.

Ich **lasse** mir die Haare **schneiden**. *I'm having my hair cut.*

D **Lassen** can also mean:
- *to leave*
  Ich **lasse** meine Jacke hier.   *I'll leave my jacket here.*

- *to let, allow*
  Ich **lasse** die Kinder am Computer   *I let the children play on the*
  spielen.   *computer.*
  Lass mich **sehen**.   *Let me have a look.*

- *to stop*
  lass (du), **lassen Sie (Sie)** and **lasst (ihr)** are the three command forms.
  Lass das! ⎫
  Lasst das! ⎬   *Stop that.*
  Lassen Sie das! ⎭

 ➤ *See also Unit 51, Personal pronouns (3).*

1 Describe what they are having done using *lassen* + infinitive.

E.g. wir/das Auto reparieren → **Wir lassen das Auto reparieren.**

a ich/die Fenster putzen
b er/den Film entwickeln
c ich/meine Augen untersuchen
d Frau Schmidt/das Zimmer streichen
e ich/die Uhr reparieren
f du/die Schuhe reparieren
g ich/mir die Haare schneiden

2 Choose the correct form of *lassen* for each sentence.

lassen	lass	lässt	lass	lasse	lass

a _____ das!
b Andrea _____ den Hund zu Hause.
c _____ Tobias dein Buch lesen!
d Ich _____ das Geld auf dem Tisch.
e Wir _____ den Fernseher reparieren.
f _____ mich das machen!

44 UNIT Past perfect tense

The past perfect tense (sometimes called the pluperfect) is a past tense. It is used to describe a past event which happened before another past event.

A The past perfect tense is formed with the simple past form of **haben** or **sein** + a past participle.

Wir **hatten** Musik **gehört**.	*We had listened to music.*
Er **war** zu Hause **geblieben**.	*He had stayed at home.*

B Look at these examples of a weak and a strong verb in the past perfect.

kaufen (*to buy*)
ich hatte gekauft
du hattest gekauft
er/sie/es hatte gekauft
wir hatten gekauft
ihr hattet gekauft
sie hatten gekauft
Sie hatten gekauft

fahren (*to go*)
ich war gefahren
du warst gefahren
er/sie/es war gefahren
wir waren gefahren
ihr wart gefahren
sie waren gefahren
Sie waren gefahren

Er hatte einen neuen Anzug gekauft.	*He had bought a new suit.*
Sie waren nach Hamburg gefahren.	*They had driven to Hamburg.*

C The past perfect is often used with the subordinating conjunction **nachdem** (*after*). The perfect or simple past tense is often used in the other part of the sentence.

Nachdem er gegessen hatte, hat er die Zeitung las.	*After he had eaten, he read the newspaper.*

➤ **See also Units 22–26, Perfect tense; Units 27–29, Simple past; Unit 72, Subordinating conjunctions.**

44 UNIT Past perfect tense – *Exercises*

1 Complete the sentences in the pluperfect tense by adding the correct part of *haben* or *sein*.

E.g. Ich _____ Wein getrunken. (haben) →
Ich hatte Wein getrunken.
Wir _____ nach Tunesien geflogen. (sein) →
Wir waren nach Tunesien geflogen.

a Er _____ Bratwurst mit Pommes gegessen. (haben)
b _____ du Konrad getroffen? (haben)
c Ich _____ in die Stadt gefahren. (sein)
d Steffi _____ zwei Briefe geschrieben. (haben)
e Martin und Bianca _____ den Film gesehen. (haben)
f Ihr _____ um fünf gekommen. (sein)
g Wir _____ in den Bergen gewandert. (sein)

2 Write sentences in the past perfect to say what these people did.

E.g. ich/einen Pullover/kaufen →
Ich **hatte** einem Pullover **gekauft**.

a Jens/nach Paris/fahren
b wir/Musik/hören
c ich/meine Oma/besuchen
d Annette/in Rom/bleiben
e Karl und Liane/im Büro/arbeiten

3 Complete the sentences with the verbs in brackets putting them in the correct order.

E.g. Nachdem ich Pizza und Eis _____ _____ , _____ ich nach Hause. (gegessen/hatte/fuhr) →
Nachdem ich Pizza und Eis gegessen hatte, fuhr ich nach Hause.

a Nachdem Doris ein Buch _____ _____ , _____ sie ins Bett.
(hatte/gelesen/ging)
b Nachdem wir Musik _____ _____ , _____ wir ins Kino.
(hatten/gehört/gingen)
c Nachdem er die Zeitung _____ _____ , _____ er zu Hause.
(hatte/blieb/gelesen)
d Nachdem ich das Auto _____ _____ , _____ ich meine Freundin.
(hatte/gewaschen/besuchte)

45 UNIT Infinitives with and without *zu*

Some infinitives are used with zu in German.

A In German, the infinitive ends in **-en**.
  spielen (*to play*)
  The infinitive often goes to the end of the sentence.
  Ich möchte Tennis **spielen**.   *I'd like to play tennis.*

B Most verbs are followed by the infinitive with **zu**.
  Er **vergisst** immer das Fenster **zu**   *He always forgets to shut the window.*
    schließen.
  Es **beginnt zu regnen**.   *It's starting to rain.*

C The expression **um ... zu** + infinitive means *in order to*.
  Ich gehe zur Bank, **um** Geld   *I'm going to the bank (in order) to*
    zu holen.   *fetch some money.*

D Sometimes infinitives don't need **zu**.
  • After the modal verbs
    dürfen (*to be allowed to*)
    können (*to be able to*)
    mögen (*to like*)
    müssen (*to have to*)
    sollen (*to be supposed to*)
    wollen (*to want to*)

    Ich **kann** heute **kommen**.   *I can come today.*
    Er **will** Moni **treffen**.   *He wants to meet Moni.*
  • After certain other verbs
    bleiben (*to stay*)
    fahren (*to go*)
    gehen (*to go*)
    helfen (*to help*)
    hören (*to hear*)
    kommen (*to come*)
    lassen (*to leave, let*)
    sehen (*to see*)
    werden (*to become*)

    Ich **gehe** morgen **einkaufen**.   *I'm going shopping tomorrow.*
    Wir **kommen** dich **besuchen**.   *We're coming to visit you.*

➤ *See also Units 30 and 31, Modal verbs: present*

1 Add *zu* before the infinitive where necessary.

E.g. Ich will morgen ins Kino _____ gehen. →
Ich will morgen ins Kino gehen.

a Ich helfe dir _____ kochen.
b Wir können heute nicht _____ kommen.
c Er beginnt im Juli _____ arbeiten.
d Wir gehen morgen Tante Kristel _____ besuchen.
e Manfred möchte nach Hause _____ fahren.
f Ich muss jetzt _____ gehen.
g Ihr kommt uns _____ besuchen.
h Julia vergisst oft die Tür _____ schließen.

2 Describe what Petra has forgotten to do using the verb *vergessen* + *zu* + infinitive

E.g. ein Geschenk/kaufen →
Petra hat vergessen, ein Geschenk zu kaufen.

a Brot/kaufen
b Geld/holen
c die Tür/schließen
d Uwe/treffen

3 Why do you want to visit these places? Write sentences with *um ... zu*.

E.g. Ich/Ägypten/die Pyramiden besichtigen →
Ich möchte nach Ägypten fahren, um die Pyramiden zu besichtigen.

a Er/Paris/den Eiffelturm/besichtigen
b Wir/Washington/das Weiße Haus/sehen
c Sie (*She*) /Bayern/Schloss Neuschwanstein/besichtigen
d Ich/China/die Große Mauer/besichtigen
e Sie (*They*)/Moskau/den Kreml/sehen

46 UNIT | Reported speech

A In spoken German, a **dass** clause introduces reported speech. In the **dass** clause, the verb goes to the end.

'Wir kommen morgen.'	*We're coming tomorrow.*
Sie sagen, **dass** sie morgen **kommen**.	*They say that they are coming tomorrow.*

B The personal pronouns **ich**, **du**, **er**, **sie**, **es**, **wir**, **ihr**, **sie**, **Sie**, change in reported speech, but the tense doesn't.

'**Ich habe** Durst,' **sagt Olaf**.	*'I'm thirsty', says Olaf.*
Er sagt, dass **er** Durst **hat**.	*He says that he is thirsty.*

C In more formal spoken and written German (e.g. the news, newspapers), a different verb form is often used for reported speech.This is called the present subjunctive. The **er/sie/es** form of the verb is the most common.

	PRESENT	PRESENT SUBJUNCTIVE
haben (*to have*)	er/sie/es **hat**	er/sie/es **habe**
sein (*to be*)	er/sie/es **ist**	er/sie/es **sei**

As there is usually no **dass** in reported speech with most present subjunctive verbs, the word order does not change.

'Ich bin in Berlin.'	*'I'm in Berlin.'*
Der Minister sagte, **er sei** in Berlin.	*The minister said he was in Berlin.*
'Ich habe eine Konferenz.'	*I have a conference.*
Er sagte, **er habe** eine Konferenz.	*He said he had a conference.*

➤ *See also Units 18, 19, 20, Present tense; Unit 72, Subordinating conjunctions.*

Reported speech – Exercises

Report these statements using a *dass* clause. The name of the person speaking is given in brackets.

E.g. (Sandra) 'Ich bin glücklich.' →
Sie sagt, dass sie glücklich ist.

a (Paul)   Ich habe ein Auto.
b (Andrea und Paul)   Wir wohnen in Mühlheim.
c (Markus)   Ich bin zwanzig Jahre alt.
d (Susi)   Ich habe einen Hund und zwei Katzen.
e (Jan und Georg)   Wir spielen samstags Fußball.
f (Beate)   Ich arbeite in einem Hotel im Schwarzwald.
g (Katrin)   Ich habe einen Freund in Hamburg.
h (Martin)   Ich besuche gern Galerien in meiner Freizeit.

Report these statements. Use the subjunctive 1 form of the verb.

E.g. Ich bin in Amerika. →
Er sagte, er sei in Amerika.

a Ich bin für eine Woche in New York.
b Ich bin im Hotel Atlantis.
c Ich habe ein Fernsehinterview.

47 UNIT Passive present

In a passive sentence, the action is done to the subject of the verb.

A The present passive is formed with the present tense of the verb **werden** (*to become*) and a past participle.

ich werde
du wirst
er/sie/es wird
wir werden
ihr werdet
sie werden
Sie werden

Das Auto wird repariert.   *The car is being repaired.*

The forms **er/sie/es wird** and **sie werden** are the most common in passive sentences.

Jogurt **wird** aus Milch **gemacht**.   *Yoghurt is made from milk.*
Die Autos **werden** in Spanien   *The cars are produced in Spain.*
  produziert.

B Notice how the subject and the direct object change places in active and passive sentences.

ACTIVE   Die Firma kauft den Wein.
              subject   verb object
              The company buys the wine.

PASSIVE   Der Wein wird von der Firma gekauft.
              subject verb agent   past participle
              The wine is bought by the company.

⚠ **Von** + noun (who or what the action is done *by*) is called the agent.

C The subject **man** (*one*) is sometimes used with an active verb as an alternative to the passive. It takes the **er/sie/es** part of the verb.

PASSIVE   Autos **werden** in Wolfsburg **gebaut**. *Cars are built in Wolfsburg.*
ACTIVE   Man **baut** Autos in Wolfsburg. *One builds cars in Wolfsburg.*

➤ *See also Units 22–26 Perfect tense; Unit 48, Past passive; Unit 88, Irregular verbs.*

47 UNIT | Passive present – Exercises

1 **Where are these items sold? Write sentences in the present passive.**

Zeitungen		auf dem Markt	
a Bananen		im Musikcenter	
b Jacken	werden	im Fotogeschäft	verkauft.
c Filme		**am Kiosk**	
d CDs		im Modegeschäft	

E.g. **Zeitungen werden am Kiosk verkauft.**

2 **What is it made from? Write sentences in the present passive.**

E.g. **Papier/Holz →**
Papier wird aus Holz gemacht.

a Käse/Milch
b Möbel/Holz
c Brot/Mehl
d Wein/Trauben

3 **Where are these goods produced? Write sentences using the present passive.**

E.g. **Swatch-Uhren /in der Schweiz →**
Swatch-Uhren werden in der Schweiz produziert.

a Mercedes/in Deutschland
b Computer/in Japan
c Fernseher/in den USA
d Motorräder/in England
e Ferraris/in Italien
f Jeans/in Taiwan
g Peugeots/in Frankreich

48 UNIT Past passive

Das Rathaus **wurde** 1790 **gebaut**.
The town hall was built in 1790.

A The past passive is formed with the simple past of the verb **werden** (*to become*) and the past participle.

ich wurde
du wurdest
er/sie/es wurde
wir wurden
ihr wurdet
sie wurden
Sie wurden

Das Fenster **wurde geputzt**.　　*The window was cleaned.*
Die Autos **wurden** in Japan **verkauft**. *The cars were sold in Japan.*

B The past participle goes to the end of the passive sentence.
Das Schloss wurde 1850 **gebaut**.　　*The castle was built in 1850.*

C The person or thing that does the action is called the agent. It is introduced with **von** (*by*). The preposition **von** is followed by the dative case in German.

Das Auto wurde **von dem**　　　　*The car was repaired by the*
　Mechaniker repariert.　　　　　*mechanic*
Das Buch wurde **von** Goethe　　*The book was written by Goethe.*
　geschrieben.

➤ *See also Units 22–26, Perfect tense; Unit 48, Past passive; Unit 55, Prepositions + Dative; Unit 88, Irregular verbs.*

1 **Complete the sentences with the correct part of the verb *werden*. All the sentences are in the past passive.**

E.g. Die Frau _____ gestern verletzt. →
Die Frau **wurde** gestern verletzt.

a Das Auto _____ repariert.

b Die Autos _____ in Wolfsburg gebaut.

c Der Wein _____ nach Frankreich verkauft.

d Die Weine _____ in Italien produziert.

2 **Write sentences using the past passive saying when the buildings were built.**

E.g. das Hotel/1980 →
Das Hotel wurde 1980 gebaut.

a der Bahnhof/1902

b das Theater/1893

c das Schloss/1520

d der Palast/1874

e das Museum/1934

f die Kirche/1487

g das Kloster/1350

von Alexander Bell	von dem Briefträger
von dem Elektriker	von Gottlieb Daimler

3 **Complete each sentence with an expression from the list.**

a Die Briefe wurden _____ geliefert.

b Das erste Auto wurde _____ gebaut.

c Das Telefon wurde _____ erfunden.

d Der Fernseher wurde _____ repariert.

49 UNIT Personal pronouns (1)

A pronouns is a word which replaces a noun. The personal pronouns refer to people or things.

A

SINGULAR	PLURAL
ich (*I*)	**wir** (*we*)
du (*you*)	**ihr** (*you*)
er (*he/it*)	**sie** (*they*)
sie (*she/it*)	**Sie** (*you*)
es (*it*)	
Sie (*you*)	

B There are three ways of saying *you* in German.
- **du** is the singular, familiar form used for one friend, one member of the family, one child or one animal. Nowadays, young people usually address each other in the **du** and **ihr** forms.
- **ihr** is the plural form of **du**. The plural familiar form is used for friends, members of the family, children and animals.
- **Sie** is the singular and plural formal form for *you*. It is used for people you do not know well and older people. It is always written with a capital letter.

C
- **er** means *he* and *it* for masculine words.
  Jörg ist im Büro. **Er** arbeitet.   *Jörg is in the office. He is working.*
- **sie** (sing.) means *she* and *it* for feminine words.
  Sara wohnt in Berlin aber **sie**   *Sara lives in Berlin but she*
  kommt aus Bonn.   *comes from Bonn.*
  Die Jacke ist neu. **Sie** ist schön.   *The jacket is new. It's lovely.*
- **es** means it for neuter words.
  Das Haus ist groß. **Es** hat   *The house is big. It has*
  zehn Zimmer.   *ten rooms.*

D Verbs take different endings, according to their subject, which is often referred to with a personal pronoun. Here are the present-tense endings with their respective pronouns.

ich	-e	wir	-en
du	-st	ihr	-t
er/sie/es	-t	sie	-en
		Sie	-en

➤ *See also Units 18, 19, 20, Present tense.*

49 UNIT Personal pronouns (1) – *Exercises*

1 Match up each verb with an appropriate personal pronoun. There may be more than one possibility.

wir	ich	Sie	er	es	sie	du	sie	ihr

a _____ schreibt
b _____ schwimmen
c _____ spielt
d _____ kommen
e _____ regnet
f _____ wohnst
g _____ kochen
h _____ arbeitet

2 Replace the person in bold type with a personal pronoun.

E.g. **Frau Hahn** ist im Büro. → Sie ist im Büro.

a **Herr Munz** ist zu Hause.
b **Laura und ich** gehen in die Stadt.
c **Jörg** spielt Volleyball.
d **Hans und Peter** arbeiten in Berlin.
e **Meine Freundin** wartet vor dem Haus.
f **Annette** wohnt in der Talstraße.
g **Du und Ulrike** könnt gehen.

3 Replace the nouns in bold type with a personal pronoun.

E.g. **Das Hotel** ist in Cuxhaven. → Es ist in Cuxhaven.

a **Die Kirche** ist sehr alt.
b **Der Hund** spielt im Garten.
c **Die Hose** ist blau.
d **Das Haus** ist in der Stadt.
e **Der Kuchen** schmeckt gut.
f **Die CD** ist super.

50 UNIT | Personal pronouns (2)

Sie trifft **ihn** im Cafe.   *She meets him in the cafe.*

A Personal pronouns in the nominative and accusative cases.

NOMINATIVE (SUBJECT)	ACCUSATIVE (OBJECT)
ich (*I*)	**mich** (*me*)
du (*you*)	**dich** (*you*)
er (*he, it*)	**ihn** (*him, it*)
sie (*she, it*)	**sie** (*her, it*)
es (*it*)	**es** (*it*)
wir (*we*)	**uns** (*us*)
ihr (*you*)	**euch** (*you*)
sie (*they*)	**sie** (*them*)
Sie (*you*)	**Sie** (*you*)

Ich liebe **dich**.   *I love you.*
Daniel besucht **mich**.   *Daniel is visiting me.*
Ich habe **euch** gesehen.   *I saw you.*
Ich kaufe ihn (**der** Pullover).   *I'll buy it.*
Ich trinke **sie** gern (**die** Cola). *I like drinking it.*

B After prepositions which take the accusative case, accusative pronouns are used.

durch *through*
für *for*
gegen *against*
ohne *without*
um *round*

Ich habe eine Karte **für dich**.   *I have a ticket for you.*
Er fährt **ohne mich**.   *He goes without me.*

➤ *See also Unit 49, Personal pronouns (1); Unit 54, Prepositions + accusative.*

Match up the nominative and accusative pronouns.

a ich	**1** Sie
b er	**2** uns
c du	**3** sie
d sie	**4** mich
e Sie	**5** ihn
f wir	**6** sie
g sie	**7** euch
h ihr	**8** dich

a	b	c	d	e	f	g	h
5							

Replace the words in bold print with an appropriate pronoun.

E.g. Ich sehe Gregor morgen. →
   Ich sehe ihn morgen.

a Wir treffen **Ursula** vor dem Bahnhof.

b Ich habe ein Geschenk für **Olaf**.

c Ich muss ohne **meine Eltern** fahren.

d Wann möchtest **du und Petra** essen?

e Hast du **die Katze** gesehen?

Complete each answer with a pronoun in the accusative case.

E.g. Hast du meine Brille gesehen? Nein, ich habe _____ nicht gesehen. →
   Nein, ich habe sie nicht gesehen.

a Axel, hast du die Fahrkarte? Nein, ich finde _____ nicht.

b Wo hast du Ella gesehen? Ich habe _____ im Park gesehen.

c Kennt ihr Herrn Kopf? Ja, wir kennen _____ gut.

d Ich mag das Eis nicht. Ich mag _____ auch nicht.

e Ich will mit Karl reden. Ich rufe _____ an.

f Hast du die Schuhe gesehen? Nein, zeig _____ mir

g Wann schicken Sie den Brief? Ich schicke _____ morgen.

51 UNIT Personal pronouns (3)

> *Personal pronouns also have a dative case form.*

A The dative case pronouns are used to show the indirect object in a sentence.

NOMINATIVE	DATIVE
ich (*I*)	mir (*(to) me*)
du (*you*)	dir (*(to) you*)
er (*he, it*)	ihm (*(to) him, it*)
sie (*she, it*)	ihr (*(to) her, it*)
es (*it*)	ihm (*(to) it*)
wir (*we*)	uns (*(to) us*)
ihr (*you*)	euch (*(to) you*)
sie (*they*)	ihnen (*(to) them*)
Sie (*you*)	Ihnen (*(to) you*)

B After prepositions which take the dative case, dative pronouns are used.

aus	*from*	bei	*at, at the house of*
gegenüber	*opposite*	mit	*with*
nach	*after, to*	seit	*since*
von	*from, of*	zu	*to*

Ich habe ein Foto **von ihr**.   *I have a photo of her.*

Dative pronouns are used after verbs which take the dative case:
danken (*to thank*)
geben (t*o give*)
helfen (*to help*).

Ich **danke dir**.   *I thank you.*

C After impersonal verbs with **es** dative pronouns are used. The pronoun changes according to the person being referred to.

Wie geht **es dir/euch/Ihnen**?   *How are you?*
Es tut **mir** Leid.   *I'm sorry.*
Es gefällt **ihm**.   *He likes it.*

➤ *See also Unit 13, Dative case; Unit 38, Impersonal verbs; Unit 55, Prepositions + Dative.*

51 UNIT Personal pronouns (3) – Exercises

1 Fill in the missing nominative and dative personal pronouns.

NOMINATIVE	DATIVE
sie (*she*)	**ihr**
a ich	_____
b er	_____
c _____	dir
d wir	_____
e _____	Ihnen
f ihr	_____
g sie (*they*)	_____
h _____	ihm

2 Complete the sentences with an appropriate pronoun from the box.

ihnen	euch	ihm	ihr	mir	ihm

E.g. **Wohnt er bei dir? Ja, er wohnt bei <u>mir</u>.**

a Hilfst du Mutti in der Küche? Ja, ich helfe _____ .

b Ich gebe Franz eine Uhr zum Geburtstag. Das gefällt _____ .

c Wir zeigen Anja und Mara die Fotos. Wir zeigen _____ die Fotos.

d Ich danke meinem Freund für die Blumen. Ich danke _____ .

e Fährst du mit uns zum Weinfest? Ja, ich komme mit _____ .

3 Translate the phrases into German. Use the personal pronoun in the dative case for the word in italics.

E.g. *I* like it. → **Es gefällt *mir*.**

a *He* is sorry.

b *We* like it

c How are *you*? (a friend)

d *They* are sorry.

e *She* likes it.

f How are *you*? (a stranger)

52 UNIT | Relative pronouns

A relative clause is part of a sentence which refers back to information in the main part of the sentence. The relative clause contains a relative pronouns.

A Unlike English, German can never leave out the relative pronoun.

Der Mann, **der** in Köln wohnt, ist sehr reich.	*The man who/that lives in Cologne is very rich.*
Ich habe **eine Jacke**, **die** ich in Rom gekauft habe.	*I have a jacket, (which/that) I bought in Rome.*

B Relative pronouns in German change in the different cases. The endings are the same as the definite article (**der**, **die**, **das**) endings apart from the genitive (singular and plural) and the dative plural.

	MASCULINE	FEMININE	NEUTER	PLURAL
NOMINATIVE	der	die	das	die
ACCUSATIVE	den	die	das	die
DATIVE	dem	der	dem	denen
GENITIVE	dessen	deren	dessen	deren

C The relative pronoun and the noun it refers back to have the same gender (*m.*, *f.* or *nt.*). The case depends on the function of the relative pronoun in the relative clause. In the following examples, the relative clauses are in square brackets.

Der Wein, [den wir getrunken haben,] kommt aus Spanien.	*The wine (which) we've drunk comes from Spain.*
Die Kinder, [deren Mutter im Büro ist,] sind im Kindergarten.	*The children, whose mother is at the office, are at kindergarten.*

In the first example, **den** represents the accusative object in the relative clause. In the second, **deren** is the genitive showing possession (*whose*).

D The verb(s) go to the end of the relative clause. If there is a preposition in the relative clause, it comes before the relative pronoun, which take the case appropriate to that preposition (e.g. **mit** + dative).

Die Frau, **mit der** ich telefoniere, ist Architektin.	*The woman (who) I'm phoning is an architect.*

➤ *See also Unit 11–14, Cases.*

1 Make sentences about the family with the relative pronouns referring to the subject in the nominative case.

E.g. der Bruder/Köln/Elektriker →
Der Bruder, der in Köln wohnt, ist Elektriker.

a Die Schwester/Aachen/Studentin
b Der Onkel/Kiel/Programmierer
c Die Tante/Hamm/Hausfrau
d Das Kind/Kaiserslautern/Schülerin
e Die Cousine/Hannover/Friseurin
f Der Neffe/Hamburg/Grafiker

2 What did you buy? Formulate sentences using relative pronouns referring to the object in the accusative case.

E.g. das Auto/rot →
Das Auto, das ich gekauft habe, ist rot.

a der Pullover/grün
b das Hemd/gestreift.
c die Bluse/schwarz
d der Mantel/braun
e die Schuhe/blau
f die Hose (*sing.*)/schwarz

3 Complete the sentences using a relative pronoun. The case is given in brackets.

E.g. Das Haus, in _____ wir wohnen, ist modern. (in + dative) →
Das Haus, in dem wir wohnen, ist modern.

a Die Firma, für _____ ich arbeite, baut Autos. (**für** + *accusative*)
b Ich lese das Buch, _____ ich von dir habe. (*accusative*)
c Der Mann, _____ Sohn ich kenne, ist Bankdirektor. (*genitive*)
d Die Frau, mit _____ ich in der Schule war, ist Anwältin. (**mit** + *dative*)
e Das Dorf, _____ wir im letzen Winter besucht haben, liegt im Süden. (*accusative*)

53 UNIT Prepositions and cases

Prepositions, words which describe relationships between people or things, take a certain case in German.

A In German, most prepositions take either the accusative or dative case. You need to know the gender (masculine, feminine or neuter) of the noun which comes after the preposition to be able to use the correct article. For example, the preposition **für** takes the accusative case, and the preposition **mit** takes the dative.

Ich schreibe Briefe für den Manager. (**der Manager** (*m.*) → **für den Manager** (*m.* accusative)) *I write letters for the manager.*

Ich fahre mit dem Zug. (**der Zug** (*m.*) → **mit dem Zug** (*m.* dative)) *I travel by train.*

B After prepositions which take the accusative case (**für**, etc.) **der**, **die**, **das** and **dieser**, etc. and **ein**, **eine**, **ein** and **mein**, **kein**, etc. have the following forms.

	m.	f.	nt.	pl.	m.	f.	nt.	pl.
NOMINATIVE	der	die	das	die	ein	eine	ein	keine
ACCUSATIVE	**den**	**die**	**das**	**die**	**einen**	**eine**	**ein**	**keine**

C After prepositions which take the dative case (**mit**, etc.), **der**, **die**, **das** and **ein**, **eine**, **ein**, **kein**, etc. have the following forms.

	m.	f.	nt.	pl.	m.	f.	nt.	pl.
NOMINATIVE	der	die	das	die	ein	eine	ein	keine
DATIVE	**dem**	**der**	**dem**	**den**	**einem**	**einer**	**einem**	**keinen**

➤ See also Unit 12, Accusative case; Unit 13, Dative case, Unit 54, Prepositions with accusative; Unit 55, Prepositions with dative.

1 Complete the phrases with the correct article.

E.g. für _____ Hund (m.) → für den Hund

mit _____ Auto (nt.) → mit dem Auto

a für _____ Kinder (pl.)

b für _____ Haus (nt.)

c für _____ Mann (m.)

d mit _____ Frau (f.)

e mit _____ Bus (m.)

f mit _____ Kind (nt.)

2 Who are the presents for? Make sentences with *für* + accusative case.

E.g. ein Buch/Bruder (m.) →

Ich habe ein Buch für meinen Bruder.

a eine CD/Schwester (f.)

b Socken/Vater (m.)

c Blumen/Mutter (f.)

d ein Hemd/Onkel (m.)

e einen Teddybär/Cousine (f.)

3 Make sentences about how you travel using *mit* + dative case.

E.g. der Bus →

Ich fahre *mit dem* Bus

a das Schiff   **b** der Zug   **c** das Fahrrad

d die Straßenbahn   **e** das Flugzeug

54 UNIT Prepositions with accusative

Prepositions indicate the position of things. Some are also used in expressions of time.

A Some prepositions are always followed by the accusative case.

- **bis**
  Ich bleibe **bis nächsten Montag**. (m.) *I'm staying until next Monday.*
  Sie fährt **bis Bonn**. *She's going as far as Bonn.*
- **durch**
  Ich gehe **durch den Wald**. (m.) *I go through the woods.*
- **für**
  Er kommt **für eine Woche**. (f.) *He's coming for a week.*
- **entlang**
  Sie geht **die Straße entlang**. (f.) *She goes along the street.*
- **gegen**
  Ich fuhr **gegen die Wand**. (f.) *I drove into the wall.*
  Wir kommen **gegen sechs**. *We're coming at about six.*
- **ohne**
  Ich fahre **ohne meinen Bruder**. (m.) *I'm going without my brother.*

- **um**
  Ich komme **um drei Uhr**. *I'm coming at three o'clock.*
  Ich laufe **um die Ecke**. (f.) *I run round the corner.*

⚠ The preposition **entlang** comes after the noun, which takes accusative.
den Fluß entlang *along the river*

B **Der, die**, **das**, **diese**, etc. and **ein**, **kein**, **mein**, etc. have the following accusative case forms after the prepositions listed above.

	m.	f.	nt.	pl.	m.	f.	nt.	pl.
NOMINATIVE	der	die	das	die	ein	eine	ein	keine
ACCUSATIVE	**den**	**die**	**das**	**die**	**einen**	**eine**	**ein**	**keine**

➤ *See also Unit 12, Accusative case.*

1 Choose the correct preposition of time for each sentence.

bis	um	~~gegen~~	für

E.g. Ich werde _____ sechs Uhr zu Hause sein. →
  Ich werde gegen sechs Uhr zu Hause sein.
a Ich warte _____ zehn Uhr, dann gehe ich.
b Er kommt heute Abend _____ neun Uhr.
c Wir fliegen _____ eine Woche nach Spanien.

2 Complete each sentence with a suitable preposition from the box.

bis	für	~~ohne~~	entlang	durch	um

E.g. Es ist sehr warm heute. Ich gehe _____ meine Jacke. →
  Ich gehe ohne meine Jacke.
a Gehen Sie die Hauptstraße _____ und dann nach rechts.
b Das Auto ist sehr schnell _____ die Ecke gefahren.
c Der Zug fährt _____ den Tunnel.
d Ich fahre mit dem Auto _____ Düsseldorf.
e Hast du ein Geschenk _____Angelika?

3 Put in the correct article for each sentence in the accusative case.

E.g. Das Schiff fährt _____ Rhein (*m.*) entlang. →
  Das Schiff fährt den Rhein entlang.
a Er fährt für e_____ Woche (*f.*) nach Griechenland.
b Ich spaziere durch d_____ Stadt (*f.*).
c Ich gehe ohne d_____ Tasche (*f.*)
d Wir spazieren um d_____ See (*m.*).

55 UNIT | Prepositions with dative

A Some prepositions are always followed by the dative case.

- **aus**
  Ich komme **aus England**.   *I'm from England.*
  Er kommt **aus der Bank**. (f.)   *He comes out of the bank.*

- **bei**
  Ich bin bei **meinem Freund**. (m.)   *I'm at my friend's (house).*
  Sie wohnt **bei Berlin**.   *She lives near Berlin.*

- **gegenüber**
  Das Cafe ist **gegenüber dem Kino**. (nt.) *The cafe is opposite the cinema.*

- **mit**
  Wir fahren **mit dem Bus**. (m.)   *We go by (lit. with the) bus.*
  Ich gehe **mit meiner Mutter**. (f.)   *I'm going with my mother.*

- **nach**
  Sie fliegen **nach Paris**.   *They fly to Paris.*
  Ich komme **nach der Schule**. (f.)   *I'll come after school.*

- **seit**
  Er wohnt **seit einem Jahr** hier. (nt.) *He's lived here for a year.*

- **von**
  Ich habe einen Brief **von**   *I have a letter from my brother.*
    meinem Bruder. (m.)

- **zu**
  Sie geht **zum** (= zu dem) **Rathaus**. (nt.) *She goes to the town hall.*

B There are four prepositions which generally take the genitive case, but which often take the dative case, especially in spoken German. They are **während** (*during*), **wegen** (*because of*), **trotz** (*in spite of*) and **statt** (*instead of*).

  Ich habe das Haus **statt der**   *I bought the house instead of*
    Wohnung gekauft. (f.)   *the flat.*

C **Der, die, das, diese** etc. and **ein, kein, mein**, etc. have the following dative forms after the prepositions listed above.

	m.	f.	nt.	pl.	m.	f.	nt.	pl.
NOMINATIVE	der	die	das	die	ein	eine	ein	keine
DATIVE	**dem**	**der**	**dem**	**den**	**einem**	**einer**	**einem**	**keiner**

➤ See also Unit 13, Dative case; Unit 14, Genitive case; Unit 59, Prepositions in short forms.

1 Complete the sentences with a suitable preposition

gegenüber	neben	vor	hinter

E.g. Die Tankstelle ist _____ dem Bahnhof. →
Die Tankstelle ist **gegenüber** dem Bahnhof.

a Das Kino ist _____ der Tankstelle.
b Der Park ist _____ dem Bahnhof.
c Das Kino ist _____ der Post.
d Der Bahnhof ist _____ dem Park.

2 Complete the sentences with a suitable preposition from the list.

bei	von	seit	zu	aus	mit

a Sven kommt _____ Dänemark.
b Ich wohne in Hochdorf _____ Freiburg
c Ich fahre _____ dem Zug.
d Martina wohnt _____ einem Monat in Bonn.
e Ich habe eine Postkarte _____ Dieter.
f Wir gehen heute Abend _____ dem Fußballmatch.

56 UNIT | Prepositions with accusative or dative (1)

A The following prepositions can take either the accusative or the dative case, depending on the context: **an** (*to, at*), **auf** (*on*), **hinter** (*behind*), **in** (*in(to)*), **neben** (*beside*), **über** (*over*), **unter** (*under*), **vor** (*in front of*) and **zwischen** (*between*).

B

PREPOSITION	MEANING (ACCUSATIVE)	MEANING (DATIVE)
an	*up to, over to, onto*	*on, at*
auf	*onto*	*on, at*
hinter	*(go) behind*	*behind*
in	*into*	*in*

C When there is movement in a particular direction, the accusative case is used. When there is no movement the dative case is used.

Accusative:

Er fährt **in die Stadt**. (f.)   *He drives into town.*

Dative:

Er ist **in der Stadt**. (f.)   *He is in town.*

Die Maus läuft **an den Käse**. (m.)
The mouse runs towards the cheese.

Die Maus geht **hinter den Käse**.
The mouse goes behind the cheese.

Die Maus sitzt **hinter dem Käse**.
The mouse is sitting behind the cheese.

➤ See also Unit 54, Prepositions + accusative; Unit 55, Prepositions + dative, Unit 57, Prepositions with accusative or dative (2).

1 Complete the sentences.

> *E.g.* das Postamt → Ich gehe in das Postamt.
> Ich bin in dem Postamt.

a die Bäckerei
b der Bahnhof
c das Kino
d der Supermarkt
e die Stadt
f das Theater

2 Describe the pictures.

E.g. **Die Katze ist hinter dem Stuhl.**

a

b

c

d

57 UNIT | Prepositions with accusative or dative (2)

A closer look at four prepositions which can take either the accusative or the dative case, depending on the context.

A These prepositions can be followed by either the accusative or the dative case: **neben, über, unter, vor, zwischen.**

B

PREPOSITION	MEANING (ACCUSATIVE)	MEANING (DATIVE)
neben	*(go) beside, next to*	*next to, near*
über	*(go) over, across*	*over, above*
unter	*(go) under*	*under*
vor	*(go) in front of*	*in front of*
zwischen	*(go) between*	*between*

C The accusative case is used when movement is involved, the dative case to show position.

Accusative:
Der Zug fährt **über die Brücke**. (f.)   *The train goes over the bridge.*
Dative:
Die Ampel hängt **über der Straße**.   *The traffic lights are above the road.*

Die Frau steht **vor dem Reisebüro**. (nt.)
The woman is standing in front of the travel agents.

Die Krankenschwester steht **neben dem Bett**. (nt.)
The nurse is standing next to the bed.

► Unit 54, Prepositions + accusative; Unit 55, Prepositions + dative; Unit 56, Prepositions + accusative or dative (2).

1 Complete each sentence with either the accusative or dative form of *der, die,* or *das.*

a Ich fahre über **die/der** Brücke (*f.*).

b Das Auto fährt unter **die/der** Brücke. (*f.*).

c Der Hund sitzt vor **der/dem** Stuhl (*m.*)

d Der Igel läuft vor **das/dem** Auto (*nt.*)

e Die Katze schläft unter **den/dem** Tisch. (*m.*)

f Das Auto steht zwischen **dem/das** Haus (*nt.*) und **der/dem** Garten (*m.*)

g Der Park ist neben **die/der** Metzgerei. (*f.*).

h Das Flugzeug fliegt über **die/den** Berge (*pl.*).

2 Describe the pictures. Say where the bee is sitting (dative case) or where the bee is flying to (accusative).

E.g. **Die Biene fliegt** _____ . → **Die Biene fliegt über die Blume.**

a Die Biene ist _____ .

b Die Biene fliegt _____ .

c Die Biene ist _____ .

d Die Biene ist _____ .

58 UNIT | Prepositions: short forms

Some prepositions and articles are usually combined to make one word.

Wir gehen heute Abend **ins** Kino.	*We're going to the cinema this evening.*

The following groups are the most important preposition and article combinations.

A Prepositions in accusative case with neuter (**das**) words.

auf das → aufs	*onto the*
an das → ans	*towards the*
in das → ins	*into the*

Ich fahre **aufs** Land.	*I'm going to the country.*
Sie fahren **ans** Meer.	*They are going to the seaside.*
Wir gehen **ins** Theater.	*We're going to the theatre.*

B Prepositions with dative masculine (**der**) and neuter (**das**) words.

an dem → am	*on the*
bei dem → beim	*at the*
in dem → im	*in the*
von dem → vom	*from the*
zu dem → zum	*to the*

Ich sitze **am** Schreibtisch.	*I'm sitting at the desk.*
Er ist **beim** Bäcker.	*He's at the baker's.*
Sie ist **beim** Tierarzt.	*She is at the vet's.*
Daniela ist **im** Zug.	*Daniela is on the train.*
Er kommt **vom** Büro zurück.	*He comes back from the office.*
Ich gehe **zum** Markt.	*I'm going to the market.*

C Prepositions in dative case with feminine (**die**) words.

zu der → zur	*(to the)*
Sie fährt **zur** Post.	*She drives to the post office.*

➤ *See also Units 54, 55, 56 and 59 for more on prepositions.*

Complete the sentences with the short form of the words in brackets.

E.g. Sie gehen (in das) _____ Schwimmbad. →
Sie gehen *ins* Schwimmbad.

a Wir fahren (an das) _____ Meer.
b Ich komme (von dem) _____ Schwimmbad.
c Er steigt (auf das) _____ Fahrrad.
d Martina ist (bei dem) _____ Friseur.
e Ich bin (in dem) _____ Büro.
f Wir fahren (zu dem) _____ Supermarkt.
g Er geht (in das) _____ Restaurant.

Make sentences. Use *zum* or *zur*.

E.g. Ich fahre _____ (die Tankstelle). →
Ich fahre zur Tankstelle.

a Ich gehe _____ (der Friseur).
b Er geht _____ (das Hotel).
c Wir gehen _____ (die Post).
d Du gehst _____ (der Supermarkt).
e Sie geht _____ (die Metzgerei).
f Ich gehe _____ (die Schule).
g Sie gehen _____ (der Bahnhof).

Choose a suitable phrase from the box to complete each sentence.

im	zur	zum	ans	ins	beim

a Er ist _____ Zahnarzt.
b Morgen gehen wir _____ Markt.
c Herr Schmidt ist _____ Büro.
d Ich gehe _____ Post.
e Wir fahren _____ Meer.
f Gehst du _____ Kino?

59 ∷ Prepositions in phrases

There are some everyday phrases which include a preposition.

A When prepositions are used in certain phrases, they often have different meanings. **zu** normally means *to*, but look at these examples:

Ich gehe **zum Friseur**.	*I go to the hairdresser's.*
Ich gehe **zu Fuß**.	*I go on foot.*
Ich bin **zu Hause**.	*I'm at home.*

B Here are some useful phrases with prepositions.

Ich fahre **mit dem Bus**.	*I go by car.*
Er geht **zu Fuß**.	*He goes on foot.*
Ich fahre **ins Ausland**.	*I go abroad.*
Sie ist **im Ausland**.	*She is abroad.*
Er ist **in/im/auf Urlaub**.	*He is on holiday.*
Sie ist **auf Dienstreise**.	*She's on a business trip.*
Er fährt **aufs Land**.	*He goes to the country(side).*
Sie wohnen **auf dem Lande**.	*They live in the country.*
Wir sind **zu Hause**.	*We are at home.*
Ich gehe **nach Hause**.	*I'm going home.*
Sie ist **bei mir**.	*She's at my house.*
am Sonntag	*on Sunday*
am Wochenende	*at the weekend*
zu Weihnachten	*at Christmas*
zu Ostern	*at Easter*
vor einer Woche	*a week ago*
Sag es **auf Deutsch**!	*Say it in German.*
bei gutem/schlechtem Wetter	*in good/bad weather*

➤ *See also Unit 51, Personal pronouns;*
Units 54, 55, 56, 59, Prepositions

1 Match up the English and German phrases.

a in good weather		**1** vor zwei Wochen
b in German		**2** auf dem Lande
c on Tuesday		**3** zu Ostern
d on holiday		**4 bei gutem Wetter**
e at Easter		**5** auf Urlaub
f in the country		**6** auf Deutsch
g two weeks ago		**7** am Dienstag

a	b	c	d	e	f	g
4						

2 Choose a suitable phrase from the list to complete each sentence.

am Sonntag	zu Weihnachten	in Urlaub
zu Fuß	nach Hause	zu Ostern	aufs Land

a _____ wollen wir Ski fahren.

b Ich bin nächste Woche _____ in Kairo.

c Er fährt zum Bauernhof _____ .

d _____ bringt die Osterhase Eier!

e _____ gehen wir in die Kirche.

f Es ist Mitternacht. Ich fahre jetzt _____ .

g Ich gehe _____ , weil mein Fahrrad kaputt ist.

3 Translate these phrases into German.

E.g. *We are on holiday.* →
   Wir sind im Urlaub.

a a week ago

b He's at home.

c She's going home.

d He's going abroad.

e I'm on a business trip.

f We go on foot.

60 UNIT Verbs + prepositions (1)

Some verbs in German are followed by a preposition which takes the accusative case.

A Verbs + preposition + accusative case.

- **an**
  denken an (*to think of*)
  sich erinnern an (*to remember*)
  sich gewöhnen an (*to get used to*)
  glauben an (*to believe in*)
  schreiben an (*to write to*)

- **auf**
  antworten auf (*to answer*)
  aufpassen auf (*to look after*)
  sich beziehen auf (*to refer to*)
  sich freuen auf (*to look forward to*)
  sich vorbereiten auf (*to prepare (oneself) for*)
  warten auf (*to wait for*)

- **für**
  sich bedanken für (*to thank for*)
  sich interessieren für (*to be interested in*)

- **in**
  sich verlieben in (*to fall in love with*)

- **über**
  diskutieren über (*to discuss*)
  sich freuen über (*to be pleased about*)

- **um**
  sich bewerben um (*to apply for*)
  bitten um (*to ask for*)

Er **freut sich auf** das Wochenende.	*He's looking forward to the weekend.*
Ich **bewerbe mich um** den Job.	*I'm applying for the job.*
Ich **warte auf** meinen Bruder.	*I'm waiting for my brother.*
Ich **bedanke mich für** das Geschenk.	*Thank you for the present.*

Match up each verb with an appropriate preposition.

```
auf     über

um      in

an      auf     für
```

a sich bedanken
b bitten
c diskutieren
d sich verlieben
e antworten
f warten
g denken

Complete the sentences with the correct preposition.

E.g. **Wir diskutieren _____ die Ferien.** →
  Wir diskutieren über die Ferien.

a Ich freue mich _____ deinen Besuch.
b Wir bitten _____ eine Antwort.
c Er antwortet _____ den Brief
d Er bewirbt sich _____ den Job.
e Sie denkt _____ ihre Freundin.
f Sie haben _____ den Bus gewartet.
g Kannst du _____ die Kinder heute aufpassen?

Complete each sentence with a suitable preposition and article in the accusative case.

E.g. **Herr Kunz bereitet sich _____ Besuch (*m.*) vor.** →
  Herr Kunz bereitet sich auf den Besuch vor.

a Wir freuen uns _____ Wochenende (*nt.*).
b Ich bedanke mich _____ Karten (*pl.*).
c Er wartet _____ Zug (*m.*).
d Ich beziehe mich _____ Fax (*nt.*) vom 29. April.
e Wir diskutieren gern _____ Politik (*f.*)

61 UNiT Verbs + prepositions (2)

> Some verbs in German are followed by a preposition which takes the dative case.

A The following verbs are always followed by a preposition + dative case.

- **an**
  teilnehmen an (*to take part in*)

- **aus**
  bestehen aus (*to consist of*)

- **bei**
  sich bedanken bei (*to thank*)

- **mit**
  anfangen mit (*to start with*)
  beginnen mit (*to start with*)
  diskutieren mit (*to discuss with*)
  sprechen mit (*to speak to*)

- **nach**
  fragen nach (*to ask about*)

- **von**
  erzählen von (*to tell about*)
  sich verabschieden von (*to say goodbye to*)

- **zu**
  einladen zu (*to invite to*)
  gratulieren zu (*to congratulate on*)

Ich **erzähle** dir **von meiner** Reise.   *I'll tell you about my trip.*
Er **fragt** den Manager **nach**   *He asks the manager about*
   dem Brief.   *the letter.*
Ich möchte dich **zu meiner**   *I'd like to invite you to*
   Geburtstagsparty **einladen**.   *my birthday party.*

➤ *See also Units 54, 55, 56, 59, Prepositions.*

1 **Match up each German verb with its English meaning.**

a einladen zu		**1** to thank
b diskutieren mit		**2** to tell about
c sich bedanken bei		**3** to speak to
d fragen nach		**4** to say goodbye to
e gratulieren zu		**5** to start with
f sprechen mit		**6** to congratulate on
g teilnehmen an		**7** to ask about
h erzählen von		**8** to take part in
i sich verabschieden von		**9** to invite to
j beginnen mit		**10** to discuss with

a	b	c	d	e	f	g	h	i	j
9									

2 **Underline the examples of verb + preposition + dative case.**

E.g. Zwölf Leute <u>nehmen an der</u> Konferenz <u>teil</u>.

a Wir beginnen mit einer Diskussion.
b Ich möchte mit dem Finanzdirektor sprechen.
c Frau Thoma ist heute 35 Jahre alt. Wir gratulieren ihr zum Geburtstag.
d Sie lädt uns zu einem Glas Wein ein.
e Ich verabschiede mich von meinen Kolleginnen.

3 **Complete each sentence with a preposition from the list.**

zu	nach	mit	bei	mit	an

a Wir nehmen _____ dem Deutschkurs teil.
b Wir beginnen _____ einem Film.
c Ich diskutiere gerade _____ meinem Chef.
d Er hat sich _____ der Frau für die Information bedankt.
e Ich lade dich _____ meinem Geburtstag ein.
f Er hat _____ meiner Adresse gefragt.

62 UNIT | Adjectives after nouns

Adjectives are used to describe nouns. They describe size, colour, feelings, moods, characteristics, etc.

A When the adjective comes after the noun it is describing it does not take an ending.

Das T-Shirt ist **weiß**.	*The T-shirt is white.*
Das Mädchen ist **krank**.	*The girl is ill.*
Der Junge ist **klein**.	*The boy is small.*

B Here are some useful groups of adjectives.

- **Size**

breit *wide*	**groß** *big*
kurz *short*	**mittelgroß** *medium-size*
eng *narrow*	**klein** *small*
lang *long*	**rund** *round*
dick *fat*	**dünn** *thin*

- **Colour**

blau *blue*	**grün** *green*
braun *brown*	**gelb** *yellow*
rot *red*	**lila** *lilac*
schwarz *black*	**weiß** *white*

- **Characteristics/Mood**

alt *old*	**neu** *new*
(un)intelligent *(un)intelligent*	**(un)freundlich** *(un)friendly*
(un)interessant *(un)interesting*	**langweilig** *boring*
(un)glücklich *(un)happy*	**traurig** *sad*

- **Appearance**

(un)attraktiv *(un)attractive*	**hässlich** *ugly, horrible*
hübsch *pretty*	**dunkel** *dark*
hell *light*	**gut gebaut** *well-built*
schlank *slim*	

- **Weather**

kalt *cold*	**heiß** *hot*
warm *warm*	**kühl** *cool*
nebelig *foggy*	**windig** *windy*
sonnig *sunny*	**regnerisch** *rainy*

62 UNIT Adjectives after nouns – Exercises

1 Read this description of Karl Weber and underline all the adjectives.

Ich heiße Karl Weber. Ich bin 1,80m groß und blond. Ich wohne in einem Dorf in der Nähe von Hannover. Hannover ist sehr groß aber Ricklingen ist klein und ruhig. Ich arbeite in einer Bank in der Stadtmitte. Mein Büro ist groß und modern. Meine Kollegin Frau Vollmer ist freundlich. Sie ist schlank und mittelgroß. Am Wochenende, wenn es warm und sonnig ist, arbeite ich gern in meinem Garten. Der Garten ist lang und eng.

2 Use three different adjectives to describe each person.

traurig	groß	hübsch	klein	gut gebaut	schlank

a Der Mann ist …
b Die Frau ist …

3 Say two things about each season.

im Frühling   **a** im Sommer   **b** im Herbst   **c** im Winter

E.g. **Im Frühling ist es warm und windig.**

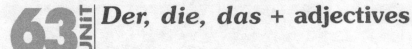

63 UNIT | *Der, die, das + adjectives*

A Adjective endings change in the different cases. They take the following endings after **der**, **die**, **das**.

	MASCULINE	FEMININE
NOMINATIVE	der neu**e** Wein	die schwarz**e** Katze
ACCUSATIVE	den neu**en** Wein	die schwarz**e** Katze
DATIVE	dem neu**en** Wein	der schwarz**en** Katze
GENITIVE	des neu**en** Weines	der schwarz**en** Katze

	NEUTER	PLURAL
NOMINATIVE	das klein**e** Haus	die alt**en** Männer
ACCUSATIVE	das klein**e** Haus	die alt**en** Männer
DATIVE	dem klein**en** Haus	den alt**en** Männern
GENITIVE	des klein**en** Hauses	der alt**en** Männer

B The adjective and the article both take endings depending on what role they play in the sentence. In the examples below, **der kleine Junge** is the subject of the sentence, so takes the nominative case; **das kleine Haus** is the direct object, so takes the accusative case; **den alten Männern** follows **mit**, so takes the dative case.

Der kleine Junge ist vier Jahre alt. *The little boy is four years old.*
Wir haben d**as kleine Haus** gekauft. *We've bought the small house.*
Er sitzt mit **den alten Männern**.   *He's sitting with the old men.*

C You use the same adjective endings after **all-** (*all*), **dies-** (*this*), **jed-** (*each*), **jen-** (*that*), **manch-** (*some*), **solch-** (*such*), **welch-** (*which*).

Dieser rot**e** Pullover gefällt mir.   *I like this red pullover.*

➤ *See also Units 11, 12, 13, 14, Case; Unit 15, Determiners.*

63 Der, die, das + adjectives – Exercises

1 Choose the most appropriate adjective from the box for each sentence and then add the correct adjective ending in the nominative case. Use each adjective once only.

| jung | frisch | billig | italienisch | letzt | alt | schnell |

E.g. Der _____ Bus fährt um 23.30 Uhr. →
Der letzte Bus fährt um 23.30 Uhr.

a Die _____ Wohnung kostet 600,- DM im Monat.

b Der _____ Kühlschrank ist kaputt.

c Die _____ Tomaten schmecken gut.

d Das ____ Restaurant macht tolle Pizzas.

e Die _____ Männer sind siebzehn Jahre alt.

f Der _____ Zug fährt 200 km pro Stunde.

2 Add the correct accusative endings to each adjective.

E.g. Ich habe den letzt_____ Zug nach Frankfurt verpasst. →
Ich habe den letzten Zug nach Frankfurt verpasst.

a Wir haben die schwarz_____ Katze im Garten gesehen.

b Wann habt ihr das neu_____ Sofa gekauft?

c Ich habe den französisch_____ Wein getrunken.

d Er will das rot_____ Auto verkaufen.

e Wo hast du die alt_____ Männer gesehen?

f Daniela ißt den best_____ Apfel.

3 Add the correct endings to each adjective. The prepositions *mit, in, auf* take dative case; *trotz, wegen* take genitive case.

E.g. Jan geht mit dem _____ Hund spazieren. ((*m.*) klein) →
Jan geht mit dem kleinen Hund spazieren.

a Ich fahre mit dem _____ Bus zur Schule. ((*m.*) **alt**)

b Trotz des _____ Wetters spielt er heute Tennis. ((*nt.*) **schlecht**)

c Wir wohnen in dem _____ Haus in der Dorfstraße. ((*nt.*) **blau**)

d Wegen des _____ Unfalls, musste die Frau ins Krankenhaus. ((*m.*) **schwer**)

e Ich habe gestern mit der _____ Assistentin gesprochen. ((*f.*) **neu**)

64 UNIT *Ein, eine, ein + adjectives*

The adjective takes different endings when it comes before a noun with **ein, eine, ein, kein,** etc.

A Adjective endings change in the different cases. The following table shows the endings after **ein, eine, ein**. The plural endings are with **keine** (*no*) because **ein** (*a, one*) only exists in the singular.

	MASCULINE	FEMININE
NOMINATIVE	ein neu**er** Zug	eine schwarz**e** Katze
ACCUSATIVE	einen neu**en** Zug	eine schwarz**e** Katze
DATIVE	einem neu**en** Zug	einer schwarz**en** Katze
GENITIVE	eines neu**en** Zuges	einer schwarz**en** Katze

	NEUTER	PLURAL
NOMINATIVE	ein klein**es** Haus	keine alt**en** Männer
ACCUSATIVE	ein klein**es** Haus	keine alt**en** Männer
DATIVE	einem klein**en** Haus	keinen alt**en** Männer
GENITIVE	eines klein**en** Hauses	keiner alt**en** Männer

B The adjective and the article both take endings depending on what role they play in the sentence. In the examples below, **einen roten Pulli** is the direct object, so takes the accusative ending; **einem neuen Schläger** follows **mit**, so takes the dative ending.

Ich habe **einen roten Pulli**.   *I have a red pullover.*

Ich spiele mit **einem neuen Schläger**. *I'm playing with a new racquet.*

C The same adjective endings are used after **mein** (*my*), **dein** (*your*), **sein** (*his*), **ihr** (*her*) **unser** (*our*), **euer** (*your*), **Ihr** (*your*), **ihr** (*their*).

Ich trage **meine** blau**e** **Jacke**.   *I'm wearing my blue jacket.*

D Adjectives which end in **-a**, such as **lila** (*lilac*) and **rosa** (*pink*) do not take adjective endings.

ein **rosa** T-Shirt   *a pink T-shirt*

➤ *See also Units 11, 12, 13, 14, Case; Unit 16, My, your; Unit 55, Prepositions + dative; Unit 77, Negatives (2).*

64 UNIT Ein, eine, ein + adjectives – Exercises

1 **Add the correct nominative endings to each adjective.**

E.g. ein traurig_____ Mädchen (*nt.*) → ein trauriges Mädchen.

a eine lang_____ Nacht (*f.*)
b ein klein_____ Junge (*m.*)
c dein alt_____ Buch (*nt.*)
d meine neu_____ Adresse (*f.*)
e ein indisch_____ Restaurant (*nt.*)
f keine schlecht_____ Idee (*f.*)
g mein link_____ Bein (*nt.*)
h ein schön_____ Tag (*m.*)

2 **Complete the descriptions using the following information and adding the correct accusative endings to the adjectives.**

E.g. Bluse (*f.*)/weiß → Susi trägt eine weiße Bluse.

Susi
a Hut (*m.*)/braun
b Jacke (*f.*)/gelb
c Rock (*m.*)/grün
d Handtasche (*f.*)/braun

Boris
e T-Shirt (*nt.*)/rot
f Mütze (*f.*)/blau
g Hemd (*nt.*)/kariert
h Hose (*f.*)/schwarz
i Uhr (*f.*)/groß

3 **Complete each sentence with the adjective and add the correct ending (nominative, accusative or dative case).**

E.g. Ich habe ein _____ Problem. ((*nt.*) groß) →
Ich habe ein *großes* Problem.

a Ich habe einen _____ Computer. ((*f.*) neu)
b Moni ist eine _____ Studentin. ((*f.*) intelligent)
c Wir haben ein _____ Haus am See. ((*nt.*) klein)
d Jan geht mit einer _____ Freundin ins Kino. ((*f.*) gut)
e Ich fahre mit einem _____ Fahrrad zur Schule. ((*nt.*) alt)

65 UNIT | Adjectives without *der, ein*

An adjective adds an ending when there is no article (der, ein, etc.).

A These endings are for adjectives without **der**, **ein**, **kein**, **dies-**, etc. In the singular they are the same endings you use with **ein**, **eine**, **ein** + adjective except for the dative case.

	MASCULINE	FEMININE
NOMINATIVE	**neuer** Wein	schwar**ze** Katze
ACCUSATIVE	**neuen** Wein	schwar**ze** Katze
DATIVE	**neuem** Wein	schwar**zer** Katze
GENITIVE	**neuen** Weines	schwar**zer** Katze

	NEUTER	PLURAL
NOMINATIVE	klein**es** Haus	blau**e** Augen
ACCUSATIVE	klein**es** Haus	blau**e** Augen
DATIVE	klein**em** Haus	blau**en** Augen
GENITIVE	klein**en** Hauses	blau**er** Augen

B When there is no article, the adjective adds endings which show three things:

- whether the noun is singular or plural;
- the gender of the noun (masculine etc.);
- the case (nominative, accusative, etc.).

Französischer Wein schmeckt gut. *French wine tastes good.*
Französischer Wein is the subject, so takes the nominative.

Ich habe **blaue Augen**.　　　　*I have blue eyes.*
blaue Augen is the direct object, so takes the accusative.

C These endings are also used after numbers.
Andreas hat **zwei neue Hemden**.　*Andreas has two new shirts.*

➤ *See also Units 11, 12, 13, 14, Case; Unit 64, Ein, eine, ein + adjective; Units 81 and 82, Numbers.*

65 UNIT Adjectives without der, ein – Exercises

1 Complete the three newspaper advertisements by adding the correct adjective endings.

---

a Möbel

Indischer Teppich (*m.*) 20,- DM, neu_____ Bett (*nt.*) 40,- DM, rund_____ , braun_____ Tisch (*m.*) 40,- DM, alt_____ Kommode (*f.*) 50,- DM, groß_____ Kühlschrank (*m.*) 30,- DM   Tel. 51 12 34

---

b Wohnungen/Häuser

Schön_____ , hell_____ 2 Zi. Wohnung (*f.*), sehr ruhig_____ Lage (*f.*), separat_____ WC (*nt.*), groß_____ Küche (*f.*), neu_____ Bad (*nt.*), klein_____ Keller (*m.*) 75m², DM 900,-.   Tel. 60 67 89

---

c Partnersuche

Sympathisch_____ Frau. Schlank_____ , blond_____ , attraktiv_____ Frau, 30, sucht gutaussehend_____ , sportlich_____ , humorvoll_____ Mann.

⚠️ **a** and **b** require the nominative case only, but **c** requires nominative and accusative.

2 Complete the description of Peter Hansen by adding the correct accusative endings to the adjectives.

Name:	Peter Hansen
Augen (*nt., pl.*):	**grau**
Haare (*nt., pl.*):	**kurz, braun**
Liebt:	Autos (*nt., pl.*) (**schnell**), Hunde (*m., pl.*) (**groß**)
Hasst:	Wetter (*nt.*) (**schlecht**)
Lieblingsessen:	Käse (*m.*) (**griechisch**), Eis (*nt.*) (**italienisch**)
Lieblingsgetränk:	Rotwein (*m.*) (**französisch**)

E.g. **Peter Hansen hat *graue Augen*.**

a Er hat …   **d** Er isst gern …
b Er liebt …   **e** Er trinkt gern …
c Er hasst …

66 UNIT Greetings

Many expressions of greeting, for example Guten Morgen! *(Good morning) include an adjective which takes an ending.*

A The first part of the sentence in greetings is usually left out in both German and English.

(Ich wünsche dir/Ihnen einen) **Guten Morgen!** *(I wish you a) Good morning.*

B The accusative adjective endings used after **ein**, **eine**, **ein** are added to the adjective in many greetings: **-en** in the masculine, **-e** for the feminine and **-es** for the neuter.

Gut**en** Tag! (m.)	*Good day!*
Gut**e** Nacht! (f.)	*Good night!*
Schön**es** Wochenende! (nt.)	*Have a nice weekend!*

C The following expressions all take accusative endings:
Gut**en** Abend! (*Good evening*)
Gut**en** Appetit! (*Enjoy your meal*)
Gut**e** Besserung! (*Get well soon*)
Gut**e** Fahrt! (*Have a good journey*)
Gut**en** Rutsch! (*Happy New Year* (coll.))
Froh**es** Neues Jahr! (*Happy New Year*)
Froh**e** Weihnachten! (*Happy Christmas*)
Viel**en** Dank (*Thank you very much*)
Herzlich**en** Glückwunsch! (*Congratulations*)
Herzlich**en** Glückwunsch zum Geburtstag! (*Happy Birthday*)

D Opening and closing expressions in letters also take adjective endings.
- Informal (to friends)
  Lieber Daniel (*Dear Daniel*)
  Liebe Julia (*Dear Julia*)
  Schöne Grüße (*Best wishes*)
- Formal
  Sehr geehrte Damen und Herren (*Dear Sir or Madam*)
  Sehr geehrter Herr Lutz (*Dear Mr Lutz*)
  Sehr geehrte Frau Rainer (*Dear Mrs/Ms Rainer*)
  Mit freundlichen Grüßen (*Yours sincerely/Yours faithfully*)

Add the correct adjective ending. The gender of each noun is given in brackets.

a Gut_____ Morgen! (*m.*)
b Gut_____ Besserung! (*f.*)
c Gut_____ Appetit! (*m.*)
d Froh_____ Neu_____ Jahr (*nt.*)
e Froh_____Weihnachten! (*f.*)
f Herzlich_____ Glückwunsch! (*m.*)
g Gut_____ Fahrt! (*f.*)
h Gut_____ Tag! (*m.*)

Translate these expressions into German.

a Good evening.
b Happy New Year.
c Happy Birthday
d Good night.
e Have a nice weekend.
f Enjoy your meal.
g Good day.
h Thank you very much.

How would you close letters which open with these expressions?

E.g. **Sehr geehrter Herr Thoma** →
      Mit freundlichen Grüßen

a Lieber Markus
b Sehr geehrte Damen und Herren
c Liebe Martina
d Sehr geehrte Frau Feldmann

67 UNIT | Comparisons with adjectives (1)

The comparative form of adjectives is used to make comparisons between people or things.

A The comparative of adjectives is formed by adding an **-er** ending to the adjective.

ADJECTIVE	COMPARATIVE
klein (*small*)	klein**er** (*smaller*)
interessant (*interesting*)	interessant**er** (*more interesting*)
langweilig (*boring*)	langweilig**er** (*more boring*)
leise (*quiet*)	leis**er** (*quieter*)
schnell (*fast*)	schnell**er** (*faster*)
langsam (*slow*)	langsam**er** (*slower*)
laut (*loud*)	laut**er** (*louder*)
reich (*rich*)	reich**er** (*richer*)

B Many short adjectives (of one syllable) add an umlaut to the vowel (**a, o, u**) and an **-er** ending to form the comparative.

> alt → **älter** (*older*)
> jung → **jünger** (*younger*)
> hart → **härter** (*harder*)
> kalt → **kälter** (*colder*)

> Daniel ist **jünger** als Stefan.   *Daniel is younger than Stefan.*

⚠ Other adjectives which take an umlaut in the comparative are **groß** (*big*), **lang** (*long*), **schwach** (*weak*), **stark** (*strong*), **arm** (*poor*), **warm** (*warm*), **kurz** (*short*)

C Some comparative adjectives have irregular forms.

> gut (*good*) → **besser** (*better*)
> hoch (*high*) → **höher** (*higher*)

D After a comparative adjective, *than* is translated by **als**.

> Jan ist **jünger als** Mara.   *Jan is younger than Mara.*

(Not) as ... as + adjective is translated by **(nicht) so ... wie**.

> Mara ist **so groß wie** Anna.   *Mara is as tall as Anna.*
> Sie ist nicht **so groß wie** Tobias.   *She is not as tall as Tobias.*

1 **Match each comparative to its English meaning.**

a kälter	1 *warmer*
b jünger	2 *higher*
c länger	3 *colder*
d wärmer	4 *weaker*
e härter	5 *younger*
f höher	6 *longer*
g schwächer	7 *harder*

a	b	c	d	e	f	g
3						

2 **Write down the comparative form of each adjective on the left. Then find the comparative adjective with the opposite meaning.**

ADJECTIVE	COMPARATIVE	OPPOSITES
spät	a **später**	1 schneller
alt	b _____	2 länger
gut	c _____	3 **früher**
langsam	d _____	4 reicher
stark	e _____	5 schlechter
leise	f _____	6 jünger
interessant	g _____	7 lauter
arm	h _____	8 langweiliger
kurz	i _____	9 kleiner
groß	j _____	10 schwächer

3 **Write two sentences about each pair making comparisons.**

E.g. die USA/Deutschland/groß →
　　　Die USA sind größer als Deutschland.
　　　Deutschland ist nicht so groß wie die USA.

a der Rhein/die Themse/lang
b eine Maus/eine Katze/klein
c ein Porsche/ein Mini/schnell
d der Everest/Ben Nevis/hoch
e England/Australien/kälter
f Indien/Amerika/arm
g Mein Bruder/ich/alt

68 UNIT Superlatives with adjectives

The superlative form of the adjective is used to make comparisons like the smallest, the highest.

der **höchste** Berg   *the highest mountain*

A There are two superlative forms in German.
- When the superlative adjective comes before the noun it describes, it adds **-(e)st** + adjective ending.

  der schnell**ste** Mann   *the fastest man*
  die klein**ste** Katze   *the smallest cat*
  das schön**ste** Haus   *the nicest house*
  die höch**sten** Berge   *the highest mountains*

- When the superlative adjective comes after the verb **sein** (*to be*), you use **am** + adjective + **-sten**.

  Das Haus ist **am kleinsten**.   *The house is the smallest.*

B Many short adjectives of one syllable add an umlaut to the vowel (**a, o, u**) in the superlative form.

ADJECTIVE	SUPERLATIVE (before noun)	SUPERLATIVE (after verb)
groß (*big*)	**größte**	**am größten** (*biggest*)
hoch (*high*)	**höchste**	**am höchsten** (*highest*)

⚠ Other adjectives that take an umlaut in the superlative are: **jung** (*young*); **lang** (*long*); **schwach** (*weak*); **stark** (*strong*) and **warm** (*warm*).

C When the adjective ends in **-d, -s, -ß, -sch, -t, -x**, or **-z**, an extra **-e** is added in the superlative form.

  alt (*old*) → **älteste/am ältesten** (*eldest*)
  hart (*hard*) → **härteste/am härtesten** (*hardest*)
  kalt (*cold*) → **kälteste/am kältesten** (*coldest*)
  kurz (*short*) → **kürzeste/am kürzesten** (*shortest*)

D Some adjectives have irregular superlative forms.
  gut (*good*) → **beste/am besten** (*best*)
  nah (*near*) → **nächste/am nächsten** (*nearest*)

➤ See also Unit 63, Der, die, das + adjectives.

1 **Make two superlative forms from each adjective.**

E.g. jung/der Sohn →
   der jüngste Sohn/der Sohn ist am jüngsten

a kalt/der Winter

b billig/die Karte

c klein/ die Katze

d hoch/der Turm

e gut/das Restaurant

f jung/die Frau

g kurz/der Weg

2 **Fill in the superlative form of the adjective.**

E.g. Wir haben das _____ Haus. (groß) →
   Wir haben das größte Haus.

a Ich habe die _____ CD gekauft.   (gut)

b Siehst du das _____ Gebäude?   (hoch)

c Wer ist der _____ Mann der Welt?   (alt)

d Die Maus ist das _____ Tier.   (klein)

e Der _____ Tag ist im Juni.   (lang)

f Der _____ Wein kommt aus Italien.   (gut)

3 **Choose a suitable adjective and then make the superlative form to complete each sentence.**

warm	schön	hoch	lang	kalt

E.g. Barcelona/die Stadt/in Spanien →
   Barcelona ist die schönste Stadt in Spanien.

a der Rhein/der Fluss/Deutschland

b Der Everest/der Berg/in dem Himalaya

c Alaska/der Staat/in Amerika

d August/der Monat/im Jahr

Adverbs and comparisons

Er fährt **langsam**.   *He drives slowly.*

A An adverb describes how something is done. Most German adverbs have the same form as adjectives.

Er läuft **schnell**.   *He runs quickly.* (adverb)

Er ist **schnell**.   *He is quick.* (adjective with the verb **sein**)

B When making comparisons, the adverb adds an **-er** ending (like comparative adjectives). In the superlative, the **am** + adverb + **-sten** form is used (like some superlative adjectives).

ADVERB	COMPARATIVE	SUPERLATIVE
früh (*early*)	**früher** (*earlier*)	**am frühesten** (*the earliest*)
langsam (*slow*)	**langsamer** (*slower*)	**am langsamsten** (*the slowest*)
schlecht (*badly*)	**schlechter** (*worse*)	**am schlechtesten** (*the worst*)
schnell (*quickly*)	**schneller** (*quicker*)	**am schnellsten** (*the quickest*)
spät (*late*)	**später** (*later*)	**am spätesten** (*the latest*)
vorsichtig (*carefully*)	**vorsichtiger** (*more carefully*)	**am vorsichtigsten** (*the most carefully*)

Ich stehe immer **früher** auf als du.   *I always get up earlier than you.*

C Some adverbs have irregular forms.

gern (*gladly*)   lieber (*more gladly*)   am liebsten (*the most gladly*)

viel (*much*)   mehr (*more*)   am meisten (*the most*)

gut (*well*)   besser (*better*)   am besten (*the best*)

Ich spiele **lieber** Tennis.   *I prefer playing tennis.*

D The superlative adverb sometimes takes first position in the sentence. The verb is second, followed by the subject.

Am liebsten arbeite ich im Garten.   *I like working in the garden best of all.*

➤ See also Units 67, 68, Comparisons with adjectives

1 Write sentences about Peter and Konrad.

Peter

Ich fahre langsam.

Ich gehe früh ins Bett.

Ich singe gut.

Ich lese nicht viel.

Konrad

Ich fahre schnell.

Ich gehe spät ins Bett.

Ich singe nicht sehr gut.

Ich lese viel.

E.g. (Konrad) → **Konrad fährt schneller als Peter.**

a (Peter)

b (Peter)

c (Konrad)

2 Choose a comparative form from the box to complete these sentences.

später	schlechter	schneller	besser	mehr	früher

a Lars ist faul aber er steht _____ auf als Heiko.

b Kurt kann gut Badminton spielen. Er spielt _____ als Sabine.

c Ich bin krank. Es geht mir _____ als gestern.

d Gisela hat immer Hunger. Sie isst _____ als ich

e Der ICE-Zug fährt _____ als der Bus.

f Ich bin um neun Uhr gekommen aber Paul ist _____ gekommen.

3 Complete the sentences with a verb and the superlative adverb.

E.g. **Dirk läuft langsamer als Stefan.** →
   Gerd *läuft am langsamsten.*

a Jens fährt schneller als Klaus. Frank …

b Steffi arbeitet besser als Lena. Karola …

c Rolf kommt später als Georg. Bernhard …

d Jan wartet länger als Franziska. Alicia …

e Ich koche schlechter als Marion. Doris …

70 UNIT | Word order in statements

A sentence is made up of various parts: subject, verb, object, etc.
These elements are organised in a certain order.

A In German, the subject is often the first idea in the sentence.

Das Kino ist in der Salzstraße.   *The cinema is in Salzstraße.*

B The main verb is the second idea in a statement.

Er **arbeitet** in einem Büro.   *He works in an office.*

Ich **habe** eine Schwester.   *I've got a sister.*

C A time expression sometimes takes first position in a statement. The verb is the second idea and is then followed by the subject.

Gestern waren wir in Rom.   *Yesterday we were in Rome.*

D When the sentence contains more than one adverb or adverbial phrase, the *time, manner, place* rule is followed (i.e. words or phrases that tell you *When?* come before phrases that tell you *How?*, which are in turn followed by phrases that tell you *Where?*).

Ich fahre **morgen mit dem Auto nach Dresden**.   *I'm going to Dresden by car tomorrow.*

Heute geht Heike **früh zur Arbeit**.   *Heike is going to work early today.*

In the above examples, the time expressions are **morgen** and **heute**, the manner expressions are **mit dem Auto** and **früh**, and the place expressions are **nach Dresden** and **zur Arbeit**.

E If there are two verbs in the sentence, the second verb (infinitive or past participle) goes to the end. The verb which takes endings to agree with the subject is the second idea in the sentence.

Er **kann** Fahrrad **fahren**.   *He can ride a bike.*

Gestern **haben** wir meine Tante **besucht**.   *Yesterday we visited my aunt.*

1 **Rearrange the words into sentences. Start each sentence with the subject which is in bold print.**

E.g. Spanien/*Johannes*/in/war →
   Johannes war in Spanien.

a sechs/ist/**Er**/alt/Jahre
b wohnen/Dorf/**Wir**/in/einem
c Hund/einen/habe/**Ich**
d spielen/gern/**Sie**/Golf

2 **Put the expressions in brackets into the sentence in the correct order using the *Time, Manner, Place* rule.**

E.g. Ich fahre (am Dienstag/nach Leipzig/mit Lothar) →
   Ich fahre am Dienstag mit Lothar nach Leipzig.

a Der Bus fährt (nach Ulm/um 10 Uhr)
b Wir fliegen (mit Julia/nach Portugal/nächste Woche)
c Dirk war (in Spanien/für zwei Wochen)
d Ich habe (am Samstag/im Park) Tennis gespielt.

3 **Complete the sentences by putting the verbs in the correct order.**

E.g. Wir _____ gestern Tennis _____ . (gespielt/haben) →
   Wir haben gestern Tennis gespielt.

a Er _____ mit dem Bus _____ . (ist/gefahren)
b Ich _____ im Supermarkt Butter und Milch _____ . (kaufen/kann)
c Heute _____ wir meine Oma _____ . (besuchen/wollen)
d Am Sonntag _____ ich im Garten _____ . (arbeiten/werde)

71 UNIT | Co-ordinating conjunctions

Conjunctions are linking words between two sentences or clauses.

A Two independent sentences can be linked with a joining word known as a conjunction. A co-ordinating conjunction does not change the word order of the two clauses it links.

Ich spiele gern Tennis. + Er fährt gern Ski.
Ich spiele gern Tennis, **und** er fährt gern Ski.

B The following are co-ordinating conjunctions.

und (*and*)
aber (*but*)
denn (*because*)
oder (*or*)
entweder ... oder (*either ... or*)
sondern (*but* (with negatives))

Ich kaufe eine Torte **oder** backst du einen Kuchen?   *I'll buy a gateau or are you going to bake a cake?*

Ich arbeite heute **nicht, sondern** ich mache eine Radtour.   *I'm not working today but (I'm) going for a bike ride.*

C The two clauses are separated by a comma before most conjunctions (exception: **entweder ... oder**). The comma can be left out before **und** and **oder**.

Entweder ruft sie an **oder** sie schickt eine E-Mail.   *She will either telephone or send an e-mail.*

Conjunctions are also used between single words and phrases.

Ich komme **entweder** am Montag **oder** am Dienstag.   *I'll either come on Monday or on Tuesday.*

1 Make sentences.

a Ich möchte nicht schwimmen gehen,	denn	mit dem Auto.
b Ich trinke gern Kaffee	aber	**Golf spielen**.
c Ich wollte dich besuchen,	oder	es ist dort wärmer.
d Willst du in die Kneipe gehen	und	ich musste zur Arbeit.
e Er fliegt im Winter nach Spanien,	oder	Tee mit Milch.
f Ich fahre entweder mit dem Zug	sondern	zu Hause bleiben?

2 Complete the sentences with appropriate co-ordinating conjunctions from the box.

und	entweder	oder	sondern	aber	denn

a Er wollte spazieren gehen, _____ es regnete.

b Wir treffen uns um halb acht, _____ der Film beginnt um acht Uhr.

c Ich habe zwei Brüder _____ eine Schwester.

d Ich kaufe _____ einen Rock _____ eine Hose.

e Ich fahre nicht nach Berlin, _____ nach Potsdam.

3 Join each pair of sentences with a suitable conjunction.

E.g. Heute komme ich nicht. Ich habe keine Zeit. →
Heute komme ich nicht, denn ich habe keine Zeit.

a Wir möchten in Urlaub fahren. Wir haben kein Geld.

b Er hat kein Auto. Er hat ein Motorrad.

c Willst du nach Portugal fahren? Willst du nach Spanien fahren?

d In meiner Freizeit fahre ich gern Rad. Ich gehe ins Kino.

4 Make sentences using the expression *entweder ... oder*.

E.g. Golf spielen/Miriam besuchen →
Ich spiele entweder Golf oder ich besuche Miriam.

a Schuhe kaufen/une Jacke kaufen

b ins Theater gehen/ins Jazzhaus gehen

c schwimmen gehen/Tennis spielen

d nach Dortmund fahren/nach Düsseldorf fahren

72 UNIT Subordinating conjunctions

Conjunctions are linking words between two parts of a sentence. The word order in the sentence changes with subordinating conjunctions.

A When two sentence parts are joined together, one part is called the main clause and the other part, which contains the subordinating conjunction, is called the subordinate clause. They are separated by a comma.

Ich gehe heute essen, **weil** ich Geburtstag **habe**.	*I'm going out for a meal today because it's my birthday.*

B Here are some common subordinating conjunctions.

als (*when (in the past)*)
bevor (*before*)
bis (*until*)
dass (*that*)
nachdem (*after*)
ob (*whether*)
obwohl (*although*)
seit (*since*)
sobald (*as soon as*)
während (*while*)
wenn (*if, when, whenever*)
weil (*because*)

C In the subordinate clause, the verb(s) goes to the end.

Er tankt, **bevor** er nach Hamburg **fährt**.	*He fills up with petrol before he drives to Hamburg.*
Ich weiß, **dass** du letzen Freitag **geheiratet hast**.	*I know that you got married last Friday.*
Ich werde zum Park gehen, **weil** es heute sonnig **ist**.	*I'll go to the park because it's sunny today.*

D A sentence can start with the subordinate clause followed by a main clause. The main clause starts with the verb, the subject is second and the second verb (infinitive, past participle) goes to the end.

Als ich nach Hause **kam**, **habe** ich Musik **gehört**.	*When I came home, I listened to music.*

72 UNIT Subordinating conjunctions – *Exercises*

1 **Match up each German conjunction on the left with its English meaning on the right.**

a bis		**1** *that*
b sobald		**2** *before*
c ob		**3** *because*
d dass		**4** *until*
e seit		**5** *when*
f weil		**6** *as soon as*
g als		**7** *since*
h bevor		**8** *whether*

a	b	c	d	e	f	g	h
4							

2 **Make sentences with *ich ... weil ...***

E.g. Italien/Pisa →
Ich fahre nach Italien, weil ich Pisa besuchen möchte.

a Frankreich/Paris
b Deutschland/Berlin
c Griechenland/Athen

3 **Combine the two sentences with the subordinating conjunction to make one new sentence.**

E.g. Ich arbeite am Computer. Ich bin müde. (obwohl) →
Ich arbeite am Computer, obwohl ich müde bin.

a Er hört jeden Tag Radio. Er frühstückt. (während)
b Ich gehe zum Arzt. Ich bin krank. (wenn)
c Er liest Zeitung. Er ist zu Hause. (sobald)
d Wir lernen Deutsch. Wir fahren nächstes Jahr nach Deutschland. (weil)

4 **Put the verbs into the sentences in the correct order.**

E.g. Als ich im Juli Urlaub auf Sylt _____ _____ , _____ ich Rad _____ . (gefahren, gemacht, habe, bin) →
Als ich im Juli Urlaub auf Sylt gemacht habe, bin ich Rad gefahren.

a Als er am Samstag in die Stadt _____ _____ , _____ er Schuhe _____ . (ist, gegangen, gekauft, hat)
b Als ich gestern im Büro _____ _____ , _____ Herr Braun _____ . (habe, angerufen, hat, gearbeitet)
c Als ich meine Freundin _____ _____ , _____ wir Tennis _____ . (gespielt, habe, besucht, haben)

145

73 UNIT Question words (1)

A Question words, known as interrogatives, take first position in the sentence followed by the verb as second idea and then the subject.

    Wann gehst du nach Hause?   *When are you going home?*

B Important question words

    wann? (*when?*)
    um wie viel Uhr? (*when/(at) what time?*)
    was? (*what?*)
    was für? (*what kind of?*)
    wo? (*where?*)
    wohin? (*where to?*)
    woher? (*where from?*)
    wozu? (*what for?*)
    womit? (*what with?*)
    warum? (*why?*)
    wieso? (*why?/how come?*)
    wie? (*how?/what?*)
    wie lange? (*how long?*)
    wie viel? (*how much?*)
    wie viele? (*how many?*)
    wer? (*who?*)

Wann kommst du?	*When are you coming?*
Was hast du gestern gemacht?	*What did you do yesterday?*
Was für ein Auto hast du?	*What kind of car have you got?*
Wo ist mein Schlüssel?	*Where is my key?*
Warum wartest du hier?	*Why are you waiting here?*
Wohin fahren wir?	*Where are we going (to)?*
Wie lange bleibt er in Essen?	*How long is he staying in Essen?*

➤ See also Unit 74, Question words (2); Unit 75, Questions and word order.

73 UNIT Question words (1) – Exercises

1 Match up each question with a suitable answer.

a Wo arbeitest du?
b Wer ist die Frau?
c Woher kommt er?
d Wann kommst du?
e Wie viel Uhr ist es?
f Wie lange bleibt sie?

1 Ich komme um sechs Uhr.
2 Es ist zehn nach sieben.
3 Ich arbeite in einer Bank.
4 Sie bleibt zwei Wochen.
5 Sie heißt Katrin Baumann.
6 Er kommt aus Stuttgart.

a	b	c	d	e	f
3					

2 Fill in the missing question words from the box.

was für	wohin	wie viel	wo	warum	was

a _____ wohnen deine Eltern?
b _____ kommst du nicht mit?
c _____ machst du heute Abend?
d _____ ein Fahrrad hast du?
e _____ gehen wir am Samstag?
f _____ kosten die Schuhe?

3 Formulate questions for these answers using the prompts in brackets where appropriate.

E.g. Die Bananen kosten DM 2,50. →
Wie viel kosten die Bananen?

a Wir kommen um 19.00 Uhr. (ihr)
b Er wohnt in der Kreuzstraße.
c Am Wochenende habe ich eine Jacke gekauft. (du)
d Ich bin 28 Jahre alt. (du)
e Sie bleibt eine Stunde.
f Wir fahren nach Köln. (Sie)
g Der Pullover kostet DM 89,–.

74 UNIT Question words (2)

The question words **wer** *(who) and* **welcher** *(which) change in the different cases.*

A The question word **wer** has the following case forms.

NOMINATIVE	**wer** (*who?*)
ACCUSATIVE	**wen** (*who?*)
DATIVE	**wem** (*who...to? whom?*)
GENITIVE	**wessen** (*whose?*)

Wer ist das?	*Who is that?*
Wen hast du gesehen?	*Who did you see?*

The dative case **wem** with the verb **gehören** (*to belong to*) is almost always used instead of the genitive case **wessen** and the verb **sein**.

Wem gehört das Buch?	*Who does the book belong to?*
(**Wessen** Buch ist das?)	*(Whose book is that?)*
Wem gefällt der Wein?	*Who likes the wine?*

B **welcher** (*which*) takes the same endings as the determiner **dieser** (*this*).

	MASCULINE	FEMININE	NEUTER	PLURAL
NOMINATIVE	**welcher**	welche	welches	welche
ACCUSATIVE	**welchen**	welche	welche	welche
DATIVE	**welchen**	welcher	welchen	welchen
GENITIVE	**welches**	welcher	welches	welcher

Welchen Film möchtest du sehen?	*Which film would you like to see?*
Welcher Pullover gefällt dir?	*Which pullover do you like?*

➤ *See also Unit 73, Question Words (1); Unit 75, Questions and word order; Unit 15, Determiners.*

74 Question words (2) – Exercises

1 Complete the sentences with *wer?* or *wen?*

a _____ ist am Apparat?
b _____ hast du gesehen?
c _____ ist die Frau im roten Kleid?
d _____ willst du besuchen?
e _____ hat er getroffen?
f _____ ist im Büro?

2 Choose the correct question word from the box.

wen	wer	wem	wer	wem

a _____ gefällt diese CD?
b _____ kommt zu unserer Party am Samstag?
c _____ hat Martina gestern Abend besucht?
d _____ gehört die Tasche?
e _____ hat morgen Zeit?

3 Complete the questions with the correct form of *welcher* (nominative or accusative). The gender of each noun is given in brackets.

E.g. _____ Schuhe gefallen dir? (*pl.*) →
***Welche* Schuhe gefallen dir?**

a _____ Farbe gefällt dir? (*f.*)
b _____ Pullover gefällt dir? (*m.*)
c _____ Foto möchtest du haben? (*nt.*)
d _____ Bluse gefällt dir? (*f.*)
e _____ Wein gefällt dir? (*m.*)
f _____ Buch möchtest du haben? (*nt.*)
g _____ Wein trinkst du? (*m.*)

75 UNIT Questions and word order

There are several ways of asking questions in German. In questions the position of the subject and the verb(s) often change.

Fährt der Bus nach Lahr?
Does the bus go to Lahr?

A With the correct intonation when speaking, a statement becomes a question.

Du **kommst** heute Abend ? *You're coming this evening?*

B In yes/no questions, the verb takes first position and is followed by the subject.

Hast du einen Stift? *Have you got a pen?*

C If there is a question word in the sentence, it takes first position.

Was machst du heute? *What are you doing today?*
Warum weinst du? *Why are you crying?*
Wo ist Frau Linke? *Where is Frau Linke?*

D In questions with more than one verb, the second verb (infinitive, past participle) goes to the end of the sentence.

Warum willst du in die Stadt **gehen**? *Why do you want to go to town?*
Hast du eine Zeitung **gekauft**? *Have you bought a newspaper?*

E The question tags **nicht wahr?** and **oder?** turn a statement into a question.

Du hast Zeit, **oder**? *You've got time, haven't you?*
Wir gehen jetzt, **nicht wahr**? *We're going now, aren't we?*

➤ *See also Units 73, 74, Question words;*
Units 18, 19, 20, Present tense.

75 UNIT Questions and word order – *Exercises*

1 Complete each question with a verb and subject from the box.

Hast du	Spielst du	Fährt Stefan
Liest du	Kochst du	Trinkst du

a _____ gern? Ja, ich lese gern

b _____ nach Rom? Ja, er fährt nach Rom.

c _____ heute Abend? Ja, ich koche später.

d _____ ein Auto? Ja, ich habe ein Auto.

e _____ gern Wein? Ja, ich trinke gern Rotwein.

f _____ heute Badminton? Ja, ich spiele mit Annette.

2 Make questions.

E.g. ins Kino/willst/gehen/du →
Willst du ins Kino gehen?

a du/Katrin/gesehen/hast

b fahren/wann/nach Basel/wir

c du/gestern/gekauft/was/hast

d wollen/am Samstag/was/wir/machen

e morgen/du/was/machst

f oder/du/Zeit/hast

g er/spät/so/warum/kommt

h wir/Hamburg/fahren/nach

3 Translate these questions into German.

E.g. *Have you got a brother?* →
Hast du einen Bruder?

a Does the train go to Frankfurt?

b Would you like to go to the cinema (**ins Kino**)?

c Have you bought some bread (**Brot**)?

d What are you doing?

76 UNIT Negatives (1)

One of the most common negative forms in German is nicht *(not).*
Nicht *is used with verbs.*

A The negative **nicht** (*not*) can be placed in several positions in a sentence. It appears at or near the end of the sentence when the whole sentence is negated.

Ich warte **nicht**.	*I'm not waiting.*
Ich habe heute **nicht** gearbeitet.	*I haven't worked today.*

B Other positions of **nicht** in a sentence:

- before a past participle

Ich bin **nicht gegangen**.	*I didn't go.*
Sie hat das Kleid **nicht gekauft**.	*She hasn't bought the dress.*

- before an infinitive

Er kann heute **nicht kommen**.	*He can't come today.*

- before adjectives

Er war **nicht krank**.	*He wasn't ill.*
Ich bin **nicht traurig**.	*I'm not sad.*

- before adverbs of manner

Ich komme **nicht mit dem Bus**.	*I'm not coming by bus.*
Er spielt **nicht gern** Schach.	*He doesn't like playing chess.*

- before adverbs of place

Ich gehe **nicht zum Zahnarzt**.	*I'm not going to the dentist.*

- before a particular word or phrase for emphasis

Ich will **nicht mit dir** reden.	*I don't want to talk to you.*

- after the verb in command forms

Wein **nicht**!	*Don't cry.*
Gehen Sie **nicht**!	*Don't go.*

➤ *See also Unit 77, Negatives (2).*

76 UNIT Negatives (1) – Exercises

1 Write sentences with *nicht*.

E.g. Musik hören →
Oliver hört nicht gern Musik.

a schwimmen
b fotografieren
c joggen gehen
d ins Kino gehen
e Gitarre spielen
f kochen

2 Make the following sentences negative by adding *nicht* in the correct place.

E.g. Ich lese gern. →
Ich lese *nicht* gern.

a Er ist gekommen.
b Gestern war es sonnig.
c Sie geht zur Uni.
d Morgen will ich in die Kirche gehen.
e Ich gehe gern spazieren.
f Er ist in der Stadt.
g Gehen Sie bitte!
h Wir wohnen in Leipzig.

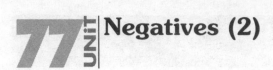

77 UNiT Negatives (2)

**Another important negative form in German is kein.
It is used with nouns.**

A **Kein** meaning *no*, *not a*, *not any*, is the negative form used before nouns.
Nicht + ein is nearly always replaced by **kein**.

Ich habe keine Schwester.	*I haven't got a sister.*
Ich möchte kein Bier.	*I don't want any beer.*

B **Kein** takes the same case endings as **ein**.

	MASCULINE	FEMININE	NEUTER	PLURAL
NOMINATIVE	kein	keine	kein	keine
ACCUSATIVE	keinen	keine	kein	keine
DATIVE	keinem	keiner	keinem	keinen
GENITIVE	keines	keiner	keines	keiner

Ich habe **keinen** Garten. (m.)	*I haven't got a garden.*
Ich habe **kein** Geld. (nt.)	*I haven't got any money.*
Ich habe **keinen** Hund. (m.)	*I haven't got a dog.*
Ich habe **keine** Zeit. (f.)	*I haven't got any time.*
Er hat **keine** Geschwister. (pl.)	*He has no brothers or sisters.*

C When **kein** is used on its own, i.e. without the noun it is referring to, it takes the following endings.

	MASCULINE	FEMININE	NEUTER	PLURAL
NOMINATIVE	keiner	keine	keins	keine
ACCUSATIVE	keinen	keine	keins	keine
DATIVE	keinem	keiner	keinem	keinen

The endings are identical with the last letter(s) of **der**, **die** and **das** in all the cases. The genitive form is hardly ever used.

Hast du ein Fahrrad?	*Have you got a bike?*
Nein, ich habe **keins**.	*No, I haven't got one.*

➤ *See also Unit 12, Accusative case; Unit 13, Dative case;
Unit 14, Genitive case; Unit 76, Negatives (1).*

Put in the correct accusative form of kein.

E.g. **Es gibt _____ Reis. (m.)** → **Es gibt keinen Reis.**

a Es gibt _____ Milch. (f.)
b Wir haben _____ Brot. (nt.)
c Es gibt _____ Eier (pl.)
d Ich habe _____ Eis (nt.)
e Es gibt _____ Kuchen. (m.)

Answer the questions with a negative. Use the correct accusative form of kein.

E.g. **Möchtest du einen Tee?** →
Nein, danke. Ich möchte keinen Tee.

Möchtest du…
a eine Schokolade?
b einen Kaffee?
c ein Bier?
d einenWein?
e ein Stück Kuchen?
f einen Orangensaft?

Michael does not have any of these items. Write statements with kein in the accusative case.

E.g. **Ich habe einen Fotoapparat. (m.)** →
Michael hat keinen.

a Ich habe eine Videokamera. (f.)
b Ich habe einen Videorekorder. (m.)
c Ich habe einen CD Player. (m.)

78 UNIT | Expressions of time (1)

There are a lot of phrases which refer to the present, such as **heute** (today).

A Time expressions often stand after the verb.

> Wir fahren **heute** nach Paris.   *We are going to Paris today.*

B They are sometimes placed at the beginning of the sentence for emphasis and are followed by the verb and the subject.

> **Heute Nachmittag geht er** in die Sauna.   *He's going to the sauna this afternoon.*

C Some useful expressions of present time.

> **heute** (*today*)
> **heute früh** (*early today*)
> **heute Morgen** (*this morning*)
> **heute Nachmittag** (*this afternoon*)
> **heute Abend** (*this evening*)
> **heute Nacht** (*tonight*)
> **jetzt/nun** (*now*)
> **gerade** (*just, now*)
> **in diesem Moment** (*at this moment, now*)
> **sofort** (*at once*)
> **gleich** ((*almost*) *at once, in a moment*)
> **zur Zeit** (*at the present time*)

> Ich fahre **heute** Vormittag nach Mainz.   *I'm going to Mainz this morning.*
> Was machst du **gerade**?   *What are you doing at the moment?*
> Wir sehen **gerade** fern.   *We're watching TV at the moment.*
> Ich komme **sofort**.   *I'm coming at once.*
> **Zur** Zeit arbeite ich in Hamburg.   *I'm working in Hamburg at the present time.*

➤ See also Units 18, 19, 20, Present tense; Unit 79, Expressions of time (2)

Match each German expression on the left with its English equivalent on the right.

a heute Abend		1 *today*
b gleich		2 *this afternoon*
c heute		3 *early today*
d gerade		4 *in a moment*
e heute früh		5 *this morning*
f zur Zeit		6 *at this moment*
g sofort		7 ***this evening***
h heute Nachmittag		8 *at once*
i in diesem Moment		9 *just now*
j heute Morgen		10 *at the present time*

a	b	c	d	e	f	g	h	i	j
7									

Answer the questions using *gerade* in each answer.

~~heute früh~~	heute Morgen	heute Nachmittag	heute Abend

E.g. **Was machst du gerade? (einen Brief schreiben) →**
  Ich schreibe gerade einen Brief.

a Was macht er gerade? (das Auto reparieren)
b Was machen Heiko and Franzi gerade? (spielen Karten)
d Was machst du gerade? (im Garten arbeiten)
d Was macht Sabine gerade? (im Café sitzen)

Say what you are doing, starting each sentence with a time phrase from the box.

E.g. **frühstücken (7.00 Uhr) →**
  Heute früh frühstücke ich.

a Tennis spielen (10.00 Uhr)
b im Büro arbeiten (14.00 Uhr)
c fernsehen (21.00 Uhr)

79 UNIT Expressions of time (2)

Certain expressions of time refer to the past, such as gestern (yesterday) or the future, such as morgen (tomorrow).

A The following expressions refer to the past.

vorgestern (*the day before yesterday*)
gestern (*yesterday*)
gestern Vormittag (*yesterday morning*)
gestern Nachmittag (*yesterday afternoon*)
gestern Abend (*yesterday evening*)
gestern Nacht (*last night*)
letzte Woche (*last week*)
letztes Jahr (*last year*)
vorher (*before*)
früher (*in earlier times*)
neulich (*recently*)

David hat uns **gestern Abend** besucht.	*David visited us yesterday evening.*
Letztes Jahr bin ich in die USA geflogen.	*I flew to the USA last year.*
Ich habe **neulich** Roland getroffen.	*I met Roland recently.*

B The following expressions refer to the future.

morgen (*tomorrow*)
morgen Abend (*tomorrow evening*)
übermorgen (*the day after tomorrow*)
nächsten Montag (*next Monday*)
nächste Woche (*next week*)
nächstes Jahr (*next year*)
bald (*soon*)
später (*later*)

Morgen werde ich arbeiten.	*I'm going to work tomorrow.*
Wir essen **später**.	*We're going to eat later.*

➤ *See also Units 18, 19, 20, Present tense; Units 22–26, Perfect tense; Unit 78, Expresions of time (1).*

Match up the German time expressions with their English translations.

a **vorgestern**   1 last year

b vorher   2 soon

c letztes Jahr   **3 the day before yesterday**

d früher   4 before

e bald   5 in earlier times

a	b	c	d	e
3				

Today is Friday. Look at Roland's diary and say what he is going to do over the next few days, starting each answer with a time expression from the box.

nächsten Montag	~~morgen Vormittag~~	
morgen Abend	übermorgen	morgen Nachmittag

Samstag		**Sonntag**	
10.00	angeln gehen	15.00	Katja besuchen
15.00	Golf spielen		
20.00	ins Kino gehen	**Montag**	
		9.30	zum Zahnarzt gehen

E.g. **Morgen Vormittag geht Roland angeln.**

Rearrange these sentences, tarting with the word in bold print.

E.g. ist/*Julia*/schwimmen gegangen/neulich →
   Julia ist neulich schwimmen gegangen.

a gearbeitet/gestern/im Garten/hat/**Christian**

b vorgestern/**Ich**//einen Brief/geschrieben/habe

c **Wir**/gebacken/gestern Nachmittag/haben/einen Kuchen

d bin/gefahren/nach Zürich/letzte Woche/**Ich**

80 UNIT How often?

A Some useful expressions.

täglich (*daily*)
jeden Morgen (*every morning*)
jeden Tag (*every day*)
jedes Wochenende (*every weekend*)
jeden Monat (*every month*)
jedes Jahr (*every year*)

einmal (*once*)
zweimal (*twice*)
einmal in der Woche (*once a week*)
zweimal im Jahr (*twice a year*)
dreimal im Monat (*three times a month*)
morgens (*in the mornings*)
mittags (*at midday*)
nachmittags (*in the afternoons*)
abends (*in the evenings*)

Ich besuche meine Tante **zweimal im Jahr**.	*I visit my aunt twice a year.*
Ich stehe **morgens** um sieben Uhr auf.	*I get up at seven in the morning.*

B These expressions (time adverbs) describe how often you do something, ranging from the least to the most frequently.

nie, niemals (*never*)
selten (*seldom*)
ab und zu (*now and again*)
manchmal (*sometimes*)
oft (*often*)
meistens (*mostly*)
fast immer (*nearly always*)
immer (*always*)

Ich gehe **oft** in die Stadt.	*I often go to town.*
Ab und zu trinke ich Sekt.	*I sometimes drink sekt.*

Read the text and underline all the time expressions. Then write them down and translate them into English.

Ich stehe jeden Morgen um 6.30 Uhr auf. Meistens dusche ich und zum Frühstück esse ich ein Brot mit Marmelade. Ich trinke manchmal Tee aber nie Kaffee. Ich fahre fast immer mit der Straßenbahn zur Arbeit. Aber ab und zu gehe ich zu Fuß. Ich komme im Büro selten vor acht Uhr an. Mittags esse ich oft ein Brot im Büro.

Choose the most suitable time expression for each sentence.

nachmittags	morgens	abends	mittags

a Peter arbeitet _____ in der Firma.
b Er geht _____ in der Kantine essen.
c Um halb drei _____ fährt er nach Hause.
d _____ sieht er gern fern.

Answer the questions according to the prompts.

E.g. **Wie oft fährt Frau Jansen nach Konstanz? (2x im Jahr) →**
   Frau Jansen fährt zweimal im Jahr nach Konstanz.

a Wie oft spielt Rolf Klavier? (1x in der Woche)
b Wie oft gehst du ins Theater? (selten)
c Wie oft geht Ruth zum Markt? (ab und zu)
d Wie oft spielen die Kinder auf dem Spielplatz? (fast immer)

81 UNIT Numbers (1)

A Here are the cardinal numbers in German from one to twenty.

0	null		
1	eins	11	elf
2	zwei/zwo	12	zwölf
3	drei	13	dreizehn
4	vier	14	vierzehn
5	fünf	15	fünfzehn
6	sechs	16	sechzehn
7	sieben	17	siebzehn
8	acht	18	achtzehn
9	neun	19	neunzehn
10	zehn	20	zwanzig

⚠ **Zwo** is often used instead of **zwei** in spoken German to avoid confusion with **drei**; **sechzehn** drops the s in the middle, and **siebzehn** drops the **en**.

B

21	einundzwanzig	30	dreißig
22	zweiundzwanzig	40	vierzig
23	dreiundzwanzig	50	fünfzig
24	vierundzwanzig	60	sechzig
25	fünfundzwanzig	70	siebzig
26	sechsundzwanzig	80	achtzig
27	siebenundzwanzig	90	neunzig
28	achtundzwanzig		
29	neunundzwanzig		

Numbers from twenty upwards add **und** between the digits and are written as one word.

neunundzwanzig   29

⚠ **Sechzig** drops the s in the middle; **siebzig** drops the **en**; **dreißig** is spelt with **ß**.

C Telephone numbers are usually divided into groups of two.

14 45 60   vierzehn, fünfundvierzig, sechzig

The code is read as separate digits.

0793   null, sieben, neun, drei

Write out these sums as you would say them.

+ plus	– minus	× mal	÷ durch	= ist

E.g. $5 + 13 = ?$ fünf plus dreizehn ist achtzehn

a $7 + 2 = ?$
b $11 + 5 = ?$
c $13 - 1 = ?$
d $3 \times 5 = ?$
e $32 \div 4 =$
f $5 \times 2 = ?$
g $80 - 20 = ?$

Find the missing numbers and write them in words.

E.g. $? \times 7 = 35 \rightarrow$ fünf

a $60 \div ? = 20$
b $42 - ? = 31$
c $24 \div 2 = ?$
d $? + 25 = 30$
e $72 - ? = 52$

Write out these telephone numbers.

E.g. 79 04 25 →
    Meine Telefonnummer ist neunundsiebzig null vier fünfundzwanzig.

a 44 23 30
b 11 47 56
c 81 09 62
d 93 12 75

Write down these numbers in full and then add the next three numbers in the series.

E.g. 5, 10, 15, 20, 25 →
    fünf, zehn, fünfzehn, zwanzig, fünfundzwanzig,
    dreißig, fünfunddreißig, vierzig

a 10, 20, 30, 40, 50
b 2, 4, 6, 8, 10, 12
c 3, 6, 9, 12, 15

82 UNIT | Numbers (2) and years

Numbers over a hundred are mostly written in figures; the amount on a cheque is written in both numbers and words.

A Hundreds, thousands, millions

(ein)hundert	*100*
hundertfünfzig	*150*
vierhundertsiebenundzwanzig	*427*
(ein) tausend	*1 000*
dreitausendsiebenhundertvierzig	*3.740*
eine Million(-en)	*1 000 000*
vier Millionen sechshunderttausenddreihundert	*4.600.300*
eine Milliarde(-n)	*1 000 000 000*

- There is usually no **und** after **hundert** and **tausend**.
- Thousands and millions in figures are separated either by a space or a full stop.
- Millions are written as separate words and take an **-en** in the plural.

B Years

achtzehnhundertsechzig	*1860*
neunzehnhundertneunundneunzig	*1999*

There is no *in* before the year in German. You either say just the year or **im Jahre ...** (*in the year ...*).

Ich bin neunzehnhundertachtundsechzig geboren.
Ich bin im Jahre neunzehnhundertachtundsechzig geboren.⎫ *I was born in 1968.*

Er ist neunzehnhundertneunundachtzig gestorben. *He died in 1989.*

Ich war neunzehnhundertzweiundachtzig in Italien. *I was in Italy in 1982.*

Find the matching pairs.

a 327	1	neunhundertsiebzehn
b 2 820	2	eine Million zweihundertfünfunddreißigtausend
c 1 653 000	3	zweitausendfünfhundertvierundachtzig
d 194	4	hundertvierundneunzig
e 2 584	5	eine Million sechshundertdreiundfünfzigtausend
f 1 235 000	6	zweitausendachthundertzwanzig
g 917	7	**dreihundertsiebenundzwanzig**

a	b	c	d	e	f	g
7						

Write out the years as you would say them.

E.g. 1985 → **neunzehnhundertfünfundachtzig**

a 1996

b 1963

c 1890

d 1947

e 1955

Look at the statistics for the average number of kilometres driven per inhabitant per year. Write out the numbers as you would say them.

E.g. **Kanada 8 800 → achttausendachthundert**

a USA 14 100

b Australien 9 300

c Großbritannien 7 000

d Deutschland 6 600

e Spanien 2 600

f Frankreich 3 100

g Italien 4 500

83 UNIT Numbers (3)

A To form the ordinal numbers from *first* to *nineteenth* add a **-te** ending to the cardinal number.

⚠ **Erste**, **dritte** and **siebte** are irregular forms

erste	*first*	elfte	*eleventh*
zweite	*second*	zwölfte	*twelfth*
dritte	*third*	dreizehnte	*thirteenth*
vierte	*fourth*	vierzehnte	*fourteenth*
fünfte	*fifth*	fünfzehnte	*fifteenth*
sechste	*sixth*	sechzehnte	*sixteenth*
siebte	*seventh*	siebzehnte	*seventeenth*
achte	*eighth*	achtzehnte	*eighteenth*
neunte	*ninth*	neunzehnte	*nineteenth*
zehnte	*tenth*		

B All numbers from *twentieth* upwards add an **-ste** ending.

zwanzig**ste**	*twentieth*
einundachtzig**ste**	*eighty-first*
hundert**ste**	*hundredth*
tausend**ste**	*thousandth*
million**ste**	*millionth*

C When you write an ordinal number in figures it has a full stop after it.
2. Klasse   *2nd class*

D Ordinal numbers are adjectives and add adjective endings when they come before a noun.

der dritte Tag	*the third day*
die ersten Besucher	*the first visitors*
in dem zweiten Auto	*in the second car*

Mein Geburtsdatum ist der siebte vierte neunzehnhundertsiebzig.	*My date of birth is the seventh of the fourth 1970.*
Heute ist der dritte sechste neunzehnhundertzweiundneunzig.	*Today is the third of the sixth 1992.*

➤ *See also Unit 63*, **der, die, das** + *adjective endings.*

1 Give the spelling for the following in German.

E.g. 1st → erste

a 5th

b 8th

c 14th

d 20th

e 3rd

f 100th

g 12th

2 Complete the sentences with an ordinal number.

E.g. das _____ Jahrhundert (*twenty-first century*) →
das einundzwanzigste Jahrhundert

a das _____ Jahrhundert (*twelfth century*)

b das _____ Baby (*first baby*)

c das _____ Mal (*second time*)

d der _____ Preis (*first prize*)

e die _____ Woche (*sixth week*)

f der _____ Tag (*third day*)

g die _____ Etage (*fourth floor*)

h der _____ Weltkrieg (*Second World War*)

i das _____ Auto (*millionth car*)

j die _____ Reise (*thousandth trip*)

3 Write out these dates in words.

E.g. Heute ist der (1.2.1999) →
Heute ist der erste zweite neunzehnhundertneunundneunzig.

a Heute ist der (7.8).

b Gestern war der (27.11)

c Morgen ist der (31.7)

d Der (14.) ist ein Montag.

e Marions Geburtstag ist der (26.5.1959).

f Jans Geburtsdatum ist der (3.9.1966).

g Was ist Ihr Geburtsdatum? Mein Geburtsdatum ist der …

h Der Wievielte ist heute? Heute ist der …

84 UNIT Once, ½, 2%, 5°

A To say *once*, *twice*, etc. in German, use the cardinal number with **mal** added.

ein**mal**   *once*
zwei**mal**   *twice*
x-**mal**   *umpteen times*

Ich besuche Martina einmal im Jahr.   *I visit Martina once a year*
Ich bin **x-mal** in Rom gewesen.   *I've been to Rome umpteen times.*

B To make fractions, add **-l** to the the end of the ordinal number.

⅓	**ein Drittel**	*a third*
¼	**ein Viertel**	*a quarter*
⅛	**ein Achtel**	*an eighth*
⅗	**drei Fünftel**	*three fifths*

⚠ The exception is **ein Halb** (*a half*).

1 ½ anderthalb, eineinhalb   *one and a half*
10 ½ zehneinhalb   *ten and a half*

Anderthalb is the more common expression for 1 ½ in everyday German.

C In German, decimals are written with a comma, not a point.

0,25 null **Komma** zwei fünf   *0.25*
1,9   eins **Komma** neun   *1.9*

D Percentages

2%   zwei **Prozent**
31,7% einunddreißig Komma sieben **Prozent**

E Degrees

25°C 25 **Grad** (Celsius)   *25 degrees (Centigrade)*
–3°C **minus** drei **Grad**   *minus three degrees*
+5°C **plus** fünf **Grad**   *plus five degrees*

1 **Look at this survey of favourite hobbies in Germany and write the results in full.**

E.g. Achtundsechzig Prozent gehen schwimmen.

> schwimmen gehen 68%
> **a** Musik hören 42%
> **b** Gymnastik machen 33%
> **c** Rad fahren 24%
> **d** joggen gehen 23%
> **e** Tischtennis spielen 22 %
> **f** Fußball spielen 15%
> **g** Bücher lesen 10%
> **h** Zeitschriften lesen 8%
> **i** Essen gehen 7%

2 **Complete the sentences with once, twice etc..**

E.g. Ich putze mein Auto _____ im Jahre. (5x) →
Ich putze mein Auto *fünfmal* im Jahr.

a Wir fahren in Urlaub _____ im Jahr. (2x)
b Er liest die Zeitung _____ in der Woche. (4x)
c Sie geht _____ im Monat ins Kino. (3x)
d Ich sehe _____ in der Woche fern. (5x)
e Ich habe _____ angerufen. (1x)

3 **Write the figures as you would say them.**

E.g. 1,6 → eins Komma sechs
a 0,75
b 1,38
c 22°C
d ¼
e 5 ½

85 UNIT | Days, months and dates

A Here are the **Tage** (*days*) and **Monate** (*months*) in German.

Montag	Januar	Juli
Dienstag	Februar	August
Mittwoch	März	September
Donnerstag	April	Oktober
Freitag	Mai	November
Samstag/Sonnabend	Juni	Dezember
Sonntag		

Am Montag gehe ich zur Arbeit.   *I'm going to work on Monday.*
Karneval ist **im** Februar.   *Carnival is in February.*

B Ordinal numbers are used in dates.
Heute ist **der zwölfte April**.   *It's the 12th of April today.*

C The ordinal number adds an **-n** (dative case) ending after the prepositions plus article **am** (*on the*) and **vom ... bis zum ...** (*from ... to ...*)
Ich bin **am siebten** Juni geboren.   *I was born on 7th June.*
vom neunten Juli **bis zum**   *from 9th July to 11th August*
   elften August

D After a day of the week, the date is in the accusative (**der** → **den**).
am Montag, **den achten** Februar   *on Monday 8th February*

E In formal and informal letters, the date and the name of the place you are writing from appear at the top on the right. There is a comma after the place and as usual a full stop after the number giving the date of the month.

Frankfurt, den 18. Dezember 1998

Liebe Diana,

➤ *See also Unit 12, Accusative case; Unit 83, Numbers (3).*

85 UNIT Days, months and dates – Exercises

1 What's the date today?

E.g. 3.4 → Heute ist der dritte April.

a 6.7
b 12.1
c 1.5
d 3.10

2 Here is your diary of important dates. Complete the sentences with the correct date.

Sonntag 23.9 Marks Taufe	Dienstag 1.1. München	Samstag 14.4. Hochzeit
Donnerstag 19.12 Amerika	Freitag 16.8 Korsika	Mittwoch 2.5. Muttis Geburtstag

E.g. **Am Donnerstag, den neunzehnten Dezember** fliege ich nach Amerika.

a _____ fahre ich nach München.
b _____ gehe ich zu Haralds und Astrids Hochzeit.
c _____ hat meine Mutter Geburtstag.
d _____ fliege ich nach Korsika.
e _____ fahre ich zu Marks Taufe.

3 Complete the sentences with *from ... to ...*. Write the dates in words.

E.g. 2.4 – 6.4 Lucy hat _____ Urlaub. →
   Lucy hat **vom zweiten bis zum sechsten April** Urlaub.

a 1.3–10.3 Markus hat _____ Urlaub.
b 19.7–25.7 Ich möchte ein Doppelzimmer _____ reservieren.
c 30.11.–3.12 Ich bin _____ auf Geschäftsreise in Hamburg.

86 UNIT Prices, weights and measurements

A In Germany, the currency is **die Mark** being replaced by **der Euro**. The coins are **Pfennig/Cent**. **100 Pf/Cent** make **1,- DM/1 Euro**. The words **Mark** and **Euro** do not change in the plural.

20Pf, 0,20 DM	zwanzig Pfennig
5,40 DM	fünf Mark vierzig
6 Euro	sechs Euro

In the German-speaking part of Switzerland, the currency is **Schweizer Franken** (Swiss francs). The small coins are called **Rappen** (100 Rappen = 1 Franken).

15,10 SF	fünfzehn Franken zehn

In Austria, the currency is the **Schilling**. The small coins are **Groschen** (100 Groschen = 1 Schilling).

9,70 öS	neun Schilling siebzig

B **Gramm**, **Kilo**, etc. do not change in the plural. **Ein Pfund** (*a pound in weight*) is slightly more than a British pound.

1g ein Gramm
3kg drei Kilo(gramm)
1Pfd. ein Pfund (= ½ Kilo)
1l ein Liter

Zwei Kilo Kartoffeln kosten 3,10 DM.	*Two kilos of potatoes cost 3 marks, 10 pfennigs.*

⚠ In German there is no *of* after the expression of quantity.

C Measurements and distances

1mm	ein Millimeter
2cm	zwei Zentimeter
5m	fünf Meter
8,20m	acht Meter zwanzig
1m^2	ein Quadratmeter
6m^3	sechs Kubikmeter
10km	10 Kilometer

∎ How much does it cost?

E.g. 1kg Äpfel/3,40 DM → Ein Kilo Äpfel kostet drei Mark vierzig.

a 2 kg Bananen/4,60 DM

b 2 Pfd. Möhren/2,25 DM

c 500g Butter/1,99 DM

d 2 l Milch/2,50 DM

∎ Write out the measurements as you would say them.

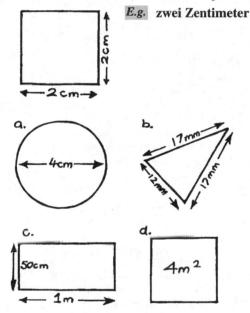

E.g. zwei Zentimeter

∎ What is the distance between the cities?

E.g. Hamburg/Berlin 294 km →
Hamburg ist zweihundertvierundneunzig Kilometer von
Berlin entfernt.

a Köln/Freiburg   435km

b Saarbrücken/Hannover   542 km

c Dortmund/Kaiserslautern   345 km

d Kiel/Karlsruhe   719 km

e München/Stuttgart   220 km

87 UNIT Time

A The twelve-hour clock

Es ist ein Uhr	*1 o'clock*
fünf nach eins	*1.05*
zehn nach eins	*1.10*
Viertel nach eins	*1.15*
zwanzig nach eins/zehn vor halb zwei	*1.20*
fünfundzwanzig nach eins/fünf vor halb zwei	*1.25*
halb zwei	*1.30*
fünfundzwanzig vor zwei/fünf nach halb zwei	*1.35*
zwanzig vor zwei/zehn nach halb zwei	*1.40*
Viertel vor zwei/drei Viertel zwei	*1.45*
zehn vor zwei	*1.50*
fünf vor zwei	*1.55*

⚠ Watch out for **halb** (*half past*) – in German you say *half to the next hour*.
halb zwölf   *half past eleven*

B For the 24-hour clock, you use the cardinal numbers with **Uhr** after the
hours.

14.07 Uhr	vierzehn Uhr sieben
00.15 Uhr	null Uhr fünfzehn
24.00 Uhr	vierundzwanzig Uhr

C Time expressions

Ich komme um sechs Uhr.	*I'll come at six o'clock.*
Es ist vier Uhr **morgens/**	*It's four o'clock in the morning/*
nachmittags.	*afternoon.*
Es ist zwölf Uhr **mittags**.	*It's noon/midday.*
Es ist zwölf Uhr **nachts/**	*It's midnight.*
Mitternacht/null Uhr.	

⚠ **Eine Stunde** (*one hour*), **eine Minute** (*one minute*) and **eine Sekunde**
(*one second*). All add an **-n** in the plural.

Ich warte seit drei Stunden.	*I've been waiting for three hours.*
BUT	
Ich warte seit einer	*I've been waiting for three quarters*
Dreiviertelstunde.	*of an hour.*

1 Say what time it is using the twelve-hour clock.

E.g. | 2:10 | → Es ist zehn nach zwei.

a | 4:45 |

b | 7:00 |

c | 5:10 |

d | 6:05 |

e | 9:20 |

f | 8:50 |

2 Say when the trains arrive using the 24-hour clock.

E.g. Köln 14.02 → Der Zug aus Köln kommt um vierzehn Uhr zwei an.

Ankunft	Dortmund
Köln	14.02
a Gießen	07.14
b Leipzig	15. 27
c Oldenburg	23.59
d Würzburg	16.55
e Koblenz	18.22

3 Write out these stopwatch times in words.

E.g. 2.15.02 → zwei Stunden fünfzehn Minuten und zwei Sekunden

a 7.29.08

b 4.16.38

c 3.44.12

88 UNIT Common irregular, strong and mixed verbs

INFINITIVE	PRESENT (er/sie/es)	SIMPLE PAST (er/sie/es)	PAST PARTICIPLE	MEANING
backen	bäckt	backte	gebacken	to bake
beginnen	beginnt	begann	begonnen	to begin
bekommen	bekommt	bekam	bekommen	to get, receive
bieten	bietet	bot	geboten	to offer
bitten	bittet	bat	gebeten	to ask
bleiben	bleibt	blieb	*geblieben	to stay
brechen	bricht	brach	gebrochen	to break
bringen	bringt	brachte	gebracht	to bring
denken	denkt	dachte	gedacht	to think
dürfen	darf	durfte	gedurft	to be allowed to
empfehlen	empfiehlt	empfahl	empfohlen	to recommend
essen	isst	aß	gegessen	to eat
fahren	fährt	fuhr	*gefahren	to go, to drive
fallen	fällt	fiel	*gefallen	to fall
finden	findet	fand	gefunden	to find
fliegen	fliegt	flog	*geflogen	to fly
gebären	gebärt	gebar	*geboren	to give birth to
geben	gibt	gab	gegeben	to give
gefallen	gefällt	gefiel	gefallen	to please
gehen	geht	ging	*gegangen	to go
gelingen	gelingt	gelang	gelungen	to succeed
genießen	genießt	genoss	genossen	to enjoy
geschehen	geschieht	geschah	geschehen	to happen
gewinnen	gewinnt	gewann	gewonnen	to win
haben	hat	hatte	gehabt	to have
heißen	heißt	hieß	geheißen	to be called
helfen	hilft	half	geholfen	to help
kennen	kennt	kannte	gekannt	to know (a person, a place)
kommen	kommt	kam	gekommen	to come
können	kann	konnte	gekonnt	to be able to

INFINITIVE	PRESENT (er/sie/es)	SIMPLE PAST (er/sie/es)	PAST PARTICIPLE	MEANING
lassen	lässt	ließ	gelassen	to leave, let, have done
laufen	läuft	lief	*gelaufen	to run
lesen	liest	las	gelesen	to read
liegen	liegt	lag	gelegen	to lie, be lying down
mögen	mag	mochte	gemocht	to like
müssen	muss	musste	gemusst	to have to
nehmen	nimmt	nahm	genommen	to take
reiten	reitet	ritt	*geritten	to ride
rufen	ruft	rief	gerufen	to call
schlafen	schläft	schlief	geschlafen	to sleep
schreiben	schreibt	schrieb	geschrieben	to write
schwimmen	schwimmt	schwamm	*geschwommen	to swim
sehen	sieht	sah	gesehen	to see
sein	ist	war	*gewesen	to be
singen	singt	sang	gesungen	to sing
sitzen	sitzt	saß	gesessen	to sit, be sitting
sollen	soll	sollte	gesollt	to be supposed to
sprechen	spricht	sprach	gesprochen	to speak
stehen	steht	stand	gestanden	to stand
steigen	steigt	stieg	*gestiegen	to climb
sterben	stirbt	starb	*gestorben	to die
tragen	trägt	trug	getragen	to carry, wear
treffen	trifft	traf	getroffen	to meet
trinken	trinkt	trank	getrunken	to drink
tun	tut	tat	getan	to do
vergessen	vergisst	vergaß	vergessen	to forget
verlassen	verlässt	verließ	verlassen	to leave
verlieren	verliert	verlor	verloren	to lose
verschwinden	verschwindet	verschwand	verschwunden	to disappear
waschen	wäscht	wusch	gewaschen	to wash
werden	wird	wurde	*geworden	to become
wissen	weiß	wusste	gewusst	to know (a fact)
wollen	will	wollte	gewollt	to want

89 UNIT Summary of verbs and tenses

A Present tense
Formation: stem of the verb + present-tense endings

SINGULAR		PLURAL	
ich	-e	wir	-en
du	-st	ihr	-t
er/sie/es	-t	sie	-en
		Sie	-en

The stem of regular verbs is formed by taking the **-en** off the infinitive.
Ich spiele Tennis.   *I'm playing/I play tennis.*

B Perfect tense
Formation: present tense of **haben** or **sein** + past participle

Past participles:
- Weak verbs: **ge- + -t**
  ich habe gespielt   *I played, I have played*
  ich bin gewandert   *I hiked, I have hiked*

- Strong verbs: **ge- + -en**
  er hat gelesen   *he read, he has read*
  sie ist gegangen   *she went*

C Past perfect tense
Formation: simple past of **haben** or **sein** + past participle
  ich hatte gespielt   *I had played*
  er war gegangen   *he had gone*

D Simple past tense

Formation: stem of the verb + simple past endings

- Weak verbs

	SINGULAR		PLURAL
ich	**-te**	wir	**-ten**
du	**-test**	ihr	**-tet**
er/sie/es	**-te**	sie	**-ten**
		Sie	**-ten**

- Strong verbs

	SINGULAR		PLURAL
ich	**–**	wir	**-en**
du	**-st**	ihr	**-et**
er/sie/es	**–**	sie	**-en**
		Sie	**-en**

ich kaufte	*I bought*
er fuhr	*he went*

E Future tense

Formation: present tense of **werden** + infinitive

ich werde kaufen	*I will buy, I'm going to buy*
er wird gehen	*he'll go, he is going to go*

F Passive

- Present passive

Formation: present tense of **werden** + past participle

Das Fenster wird repariert.	*The window is being repaired.*
Die Häuser werden gebaut.	*The houses are being built.*

- Past passive

Formation: simple past tense of **werden** + past participle

Das Fenster wurde repariert.	*The window was repaired.*
Die Häuser wurden gebaut.	*The houses were built.*

Revision: case/adjective endings, prepositions + pronouns

A Case endings for **der, die, das, dieser, jeder, jener, welcher, mancher**

	MASCULINE	FEMININE	NEUTER	PLURAL
NOMINATIVE	der	die	das	die
ACCUSATIVE	den	die	das	die
DATIVE	dem	der	dem	den
GENITIVE	des	der	des	der

B Case endings for **ein, kein, mein, dein, sein, ihr, unser, euer, Ihr**

	MASCULINE	FEMININE	NEUTER	PLURAL
NOMINATIVE	ein	eine	ein	keine
ACCUSATIVE	einen	eine	ein	keine
DATIVE	einem	einer	einem	keinen
GENITIVE	eines	einer	eines	keiner

C Adjective endings after **der, dieser, jeder, mancher**, etc.

	MASCULINE	FEMININE	NEUTER	PLURAL
NOMINATIVE	-e	-e	-e	-en
ACCUSATIVE	-en	-e	-e	-en
DATIVE	-en	-en	-en	-en
GENITIVE	-en	-en	-en	-en

D Adjective endings after **ein, mein, kein**, etc.

	MASCULINE	FEMININE	NEUTER	PLURAL
NOMINATIVE	-er	-e	-es	-en
ACCUSATIVE	-en	-e	-es	-en
DATIVE	-en	-en	-en	-en
GENITIVE	-en	-en	-en	-en

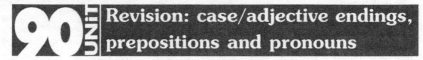
E Adjective endings with no article.

	MASCULINE	FEMININE	NEUTER	PLURAL
NOMINATIVE	-er	-e	-es	-e
ACCUSATIVE	-en	-e	-es	-e
DATIVE	-em	-er	-em	-en
GENITIVE	-en	-er	-en	-er

F • **Accusative**: bis, durch, für, entlang (after noun), gegen, ohne, um.

• **Dative**: aus, bei, gegenüber, mit, nach, seit, von, zu.

• **Accusative or dative**: an, auf, hinter, in, neben, über, unter, vor, zwischen.

• **Genitive or dative**: statt, trotz, während, wegen.

G Summary of pronouns.

	NOMINATIVE	ACCUSATIVE	DATIVE
I/me	ich	mich	mir
you	du	dich	dir
he/him/it	er	ihn	ihm
she/her/it	sie	sie	ihr
it	es	es	ihm
we/us	wir	uns	uns
you	ihr	euch	euch
they/them	sie	sie	ihnen
you	Sie	Sie	Ihnen

KEY TO EXERCISES

UNIT 1

1 Hamburg, den 11. September

Liebe Daniela,

Wir haben jetzt eine Wohnung in Hamburg. Die Wohnung hat fünf Zimmer. Ich habe einen Hund gekauft! Er heißt Willi und spielt gern im Garten. Ich arbeite in einem Büro im Stadtzentrum. Jeden Morgen fahre ich mit dem Zug in die Stadt. Schöne Grüße, Nina

2 a der b die c der d die e das f die g das h das i der j die k der

3 a ein b eine c ein d ein e eine f ein

UNIT 2

1 a das, das, das, <u>der</u> b das, das, <u>die</u>, das c <u>das</u>, der, der, der d <u>der</u>, die, die, die

2 a eine/*baker's* b ein/*album* c ein/*cinema* d eine/*week* e ein/*radio* f eine/*garage* g eine/*friendship* h ein/*centre* i eine/*religion* j eine/*apartment*   **3** a die b das c der d die e der f die

UNIT 3

1 a *alcoholic drinks*: der Wein, der Schnaps b *days of the week*: der Montag, der Samstag c *materials*: das Silber, das Holz d *points of the compass*: der Süden, der Norden e *male persons*: der Arzt, der Italiener f *months*: der Februar, der November **2** a der Wein, <u>das Bier</u>, der Whisky b der Junge, der Mann, <u>das Baby</u> c das Küken, <u>der Bär</u>, das Lamm d das Gold, das Silber, <u>die Bronze</u> **3** a ein Elefant (*m.*) b ein Arzt (*m.*) c ein Winter (*m.*) d ein Bier (*nt.*) e ein Wein (*m.*) f ein Baby (*nt.*)

UNIT 4

1 a die Titanic b die Löwin c die Mutter d die Themse e die Tanne f die Drei g <u>das Mädchen</u> h <u>der Rhein</u> i <u>das Fräulein</u> j die Ente   **2** a der Spanier b der Franzose c die Italienerin d der Engländer e die Norwegerin f der Amerikaner g die Griechin **3** a die Ärztin b die Polizistin c die Zahnärztin d die Köchin e die Architektin f die Geschäftsfrau g die Lehrerin

UNIT 5

1 a der Stadtplan b das Telefonbuch c die Kaffeemaschine d das Fußballstadion e die Teekanne f der Goldfisch g die Tomatensuppe h das Schokoladeneis **2** a das Hallenbad b der Kinderspielplatz c der Busbahnhof d das Reisebüro e das Schuhgeschäft

UNIT 6

1 a die Leiter b der/das Keks c die Band d das Golf e das Messer f das Pony

2 a die b der/das c die d der/das **3** a das Band b der/das Jogurt c die See d der Leiter e das Steuer

UNIT 7

1 **a** die Fische **b** die Pullover **c** die Brüder **d** die Studenten **e** die Seen **f** die Monate **g** die Kuchen **2** **a** wohnen **b** arbeitet **c** sind **d** liegen **3** **a** die Männer **b** die Bücher **c** die Nüsse **d** die Zähne **e** die Ordner **4** **a** die Finger **b** die Tage **c** die Söhne **d** die Hunde **e** die Menschen **f** die Schuhe

UNIT 8

1 **a** Schmidts **b** Kinder; Söhne **c** Autos **d** Lehrerinnen **e** Söhne **2** **a** die Augen **b** die Hände **c** die Finger **d** die Beine **3** **a** die Mädchen **b** die Italienerinnen **c** die Straßen **d** die Bäder **e** die Frauen **f** die Sekretärinnen **g** die Hotels

UNIT 9

1 **a** 1 Er ist Portugiese. Sie ist Portugiesin **b** Er ist Brite. Sie ist Britin **c** Er ist Schotte. Sie ist Schottin **d** Er ist Österreicher. Sie ist Österreicherin **e** Er ist Italiener. Sie ist Italienerin **f** Er ist Franzose. Sie ist Französin **g** Er ist Spanier. Sie ist Spanierin **h** Er ist Grieche. Sie ist Griechin **i** Er ist Afrikaner. Sie ist Afrikanerin **j** Er ist Amerikaner. Sie ist Amerikanerin. **k** Er ist Norweger. Sie ist Norwegerin. **l** Er ist Belgier. Sie ist Belgierin. **2** **a** einen Iren **b** einen Russen **c** einen Holländer **d** einen Schweizer **e** einen Australier **f** einen Schweden **g** einen Franzosen **h** einen Engländer **3** **a** die Engländerinnen **b** die Italienerinnen **c** die Französinnen **d** die Schweizerin

UNIT 10

1 **a** Sie ist Friseuse. She is a hairdresser. **b** Er ist Koch. He is a chef. **c** Sabine ist Krankenschwester. Sabine is a nurse. **d** Herr Schmidt ist Geschäftsmann. Mr Schmidt is a businessman. **2** **a** Sie hat Zahnschmerzen. **b** Er hat Bauchschmerzen. **c** Sie hat Rückenschmerzen. **d** Er hat Halsschmerzen. **3** **a** in dem/Im **b** – **c** Das **d** – **e** – **f** –

UNIT 11

1 **a** Der Arzt **b** Der Hund **c** Die Frau **d** Der Mann **e** Das Auto **f** Das Haus
2 **a** Eine **b** Ein **c** Eine **d** Ein **e** Eine **3** **a** Der **b** Die **c** Das **d** der **e** Die

UNIT 12

1 **a** Ich möchte den Tisch kaufen. **b** Ich möchte das Sofa kaufen. **c** Ich möchte den Herd kaufen. **d** Ich möchtedie Lampe kaufen. **e** Ich möchte den Stuhl kaufen. **f** Ich möchte das Bett kaufen. **g** Ich möchte die Spülmaschine kaufen. **h** Ich möchte den Kleiderschrank kaufen. **2** **a** ein **b** eine **c** das **d** eine **e** den **f** ein **g** eine **h** einen

UNIT 13

1 **a** dem Mädchen **b** der Dame **c** dem Jungen **d** dem Kunden **2** **a** Ich schenke dem Baby ein Teddy. **b** Alex schickt einer Freundin Blumen. **c** Die Krankenschwester gibt dem Patienten eine Tablette. **d** Der Mechaniker zeigt dem Kunden das Auto. **3** **a** dem **b** dem **c** dem **d** der **e** dem **f** den Kindern

UNIT 14

1 **a** Englands Königin heißt Elizabeth. **b** Frankreichs Weine trinke ich gern. **c** Hamburgs Hafen ist an der Elbe. **d** Italiens Hauptstadt ist Rom. **e** Steven Spielbergs Filme sehe ich gern. **f** Beethovens Musik höre ich gern. **2** **a** des Chefs **b** der **c** des Jahres **d** der **e** des Monats **f** der **3** **a** der Manager der Bank **b** das Büro des Managers **c** der Mantel der Frau **d** der Bruder des Mannes

UNIT 15

1 a welcher b manche c diese d jedes e dieser f welches g jede h dieses
2 a Dieses b Welcher c Jedes d Manche e Welcher f Diese g Welcher
3 a diesen b Welches c jede d dieses e Welche f Manche

UNIT 16

1 a mein b seine c ihre d unser e deine f euer g meine h Ihr **2** a dein
b sein c unsere **3** a Marion hat ihr Portemonnaie verloren. b Anja hat ihren Stift
verloren. c Lars hat seine Katze verloren. d Liane hat ihren Schal verloren. e Torsten
hat seine Mütze verloren.

UNIT 17

1 a -en b -n c -n d -en e -n f -n g -en h -en i -n j -en **2** a Ich
habe den Briten getroffen. b Ich habe den Kunden getroffen. c Ich habe den Elefanten
getroffen. d Ich habe den Jungen getroffen. e Ich habe den Polizisten getroffen. f Ich
habe den Herrn getroffen. **3** a Kollege b Architekten c Elefant d Affen
e Nachbar f Jungen

UNIT 18

1 a ich spiele b du wohnst c er kommt/macht/telefoniert/geht d sie kommt/macht/
telefoniert/geht e es regnet/kommt/macht/geht f studieren/besuchen/kaufen g ihr
kommt/macht/telefoniert/geht h sie studieren/besuchen/kaufen i Sie studieren/besuchen/
kaufen **2** a spielt b machen c kauft d wohnst e gehe **3** a kommt
b gehst c bleibt d machst e besucht f studiert g spielen h wohnt

UNIT 19

1 a er/sie/es b du/er/sie/es c du d ihr/er/sie/es e ihr/er/sie/es f ihr/er/sie/es
2 a spricht b schlafen c wäscht d gibt e tragt f fährt **3** a Kerstin fährt
nach Paris. b Frau Link arbeitet am Computer. c Monika isst im Restaurant. d Du reist
nächste Woche nach London. e Andreas isst Apfelstrudel mit Sahne. f Du trägst einen
blauen Pullover. g Peter liest Zeitung.

UNIT 20

1 a hat b ist c sind d ist e Seid f hat g Hast h habe i bist j sind
2 a ist b sind c hat d habe e hast f hat g haben **3** a Er ist Arzt. b Ich
habe blondes Haar. c Sie sind in London. d Wir haben Hunger. e Sie hat Angst. f Ich
habe eine Wohnung.

UNIT 21

1 a Kommt am Wochenende! b Lesen Sie das Buch! c Kauf ein Eis! d Spielt im
Garten! e Seid ruhig! **2** a sei b lies c Esst d schlaf e fahr **3** a rühren,
schälen, schneiden, waschen, schneiden, mischen, verzieren

UNIT 22

1 a 3 b 4 c 1 d 5 e 2 **2** a hat ... gekocht b haben ... geputzt c hat ...
gewohnt d haben ... gemacht **3** a Klaus und Heiko haben Tennis gespielt. b Tobias
hat Handball gespielt. c Ulrike und Max haben Badminton gespielt. d Ruth hat Hockey
gespielt. **4** a Steffi hat ein Kleid gekauft. b Tanja hat in der Disko getanzt. c Er hat
Klavier gespielt. d Ihr habt Fitnesstraining gemacht. e Du hast Hausaufgaben gemacht.
f Anja and Silke haben Eis bestellt. g Ich habe Schuhe gekauft.

UNIT 23

1 a geschrieben b genommen c gegeben d gesehen e gegessen **2** a hat … gelesen b hat … getroffen c Hast … gefunden d haben … gegessen/getrunken
3 a gefangen; *to catch* b schlafen; *to sleep* c schneiden; geschnitten d geschlossen; *to close* e getan; *to do* f lassen; gelassen

UNIT 24

1

A	G	I	O	G	U	G	H	S
P	E	S	S	E	W	G	E	T
L	R	U	E	K	M	E	W	U
G	E	B	R	A	C	H	T	D
N	D	K	F	N	R	A	P	I
R	E	V	G	N	D	B	S	E
S	T	T	Ü	T	N	T	O	R
D	A	C	R	Z	Ä	B	H	T

2 a gewusst b studiert c gehabt d gekannt **3** a Wir haben eine Stunde gewartet. b Ich habe im Büro gearbeitet. c Es hat den ganzen Tag geregnet. d Beate hat mit Markus telefoniert. e Wir haben Glück gehabt. f Georg hat in Berlin studiert. g Ich habe ich geantwortet.

UNIT 25

1 a sind b ist c ist d ist e seid f bin g Seid **2** a sind … gegangen c sind … gefahren d bin … geschwommen e sind … geritten f sind …gesegelt

UNIT 26

1 a geschwommen; schwimmen (*to swim*) b geritten; reiten (*to ride*) c geworden; werden (*to become*) d gewesen; sein (*to be*) **2** a ist … geboren b ist … gestorben c bin … geblieben d Sind … gewesen e bist … geworden **3** a Wann sind Sie auf der Messe gewesen? b Warum ist die Fähre gesunken? c Was ist mit Ingo passiert? d Warum bist du gestern verschwunden? **4** a bin b hat c ist d habe

UNIT 27

1 Sie arbeiteten in dem Büro. Wir wohnten in München. Ich spielte Tennis. Sie wartete zehn Minuten. Er telefonierte mit seiner Frau. Du hörtest Musik. **2** a Du kauftest ein Auto. b Er kaufte eine Jacke. c Sie kauften ein Buch. d Wir kauften Bananen. e Sie kauften einen Fernseher. f Ihr kauftet Äpfel. g Sie kaufte eine Bluse. **3** a Sie wohnte früher in Berlin. b Er arbeitete in einer Fabrik. c Sie spielten Tennis.

UNIT 28

1 a ihr gabt b wir kamen/lasen c es ging d du fuhrst e Sie lasen/kamen

E	G	A	B	T	G	M	P
L	A	S	E	N	I	N	S
R	K	A	M	E	N	Ü	I
I	S	H	O	D	G	H	A
F	N	F	U	H	R	S	T

2 a Wir aßen Eis. b Erika flog nach Amerika. c Sie fuhren mit dem Bus. d Er trank Tee. e Du schriebst einen Brief. **3** a ging b traf c gingen d gab e gingen f kam g blieben

UNIT 29

1 **a** Angelika war in Frankreich. **b** Du warst in Italien. **c** Andrea und Boris waren in England. **d** Johannes war in Deutschland. **e** Ich war in Amerika. **2** **a** hatte **b** war **c** hatten **d** hatte **e** war **f** warst **g** hatte **3** **a** wusste **b** dachte **c** fingen an **d** wurde

UNIT 30

1 **a** Man darf hier nicht parken. **b** Man darf hier nicht baden. **c** Man darf hier nicht fotografieren. **d** Man darf hier nicht essen. **2** **a** Ihr könnt ins Konzert gehen. **b** Wir können zum Fußball gehen. **c** Sie können zum Weinfest gehen. **d** Du kannst ins Theater gehen. **e** Renate kann ins Jazzhaus gehen. **f** Lorenz kann ins Schwimmbad gehen. **3** **a** Du kannst das Museum in Mannheim besuchen. **b** Du kannst zum Filmfest in Düsseldorf fahren. **c** Du kannst das Theater in Hamburg besuchen. **d** Du kannst auf das Oktoberfest in München gehen. **e** Du kannst die Messe in Stuttgart besuchen. **f** Du kannst zur Modenschau in Basel gehen.

UNIT 31

1 **a** Susi mag Tischtennis spielen. **b** Karin und Sonja mögen Ski fahren. **c** Wolfgang mag Motorrad fahren. **d** Wir mögen Snowboarding. **2** **a** Ich will nach Rom fahren. **b** wir wollen nach Barcelona fahren. **c** Sie wollen nach Hamburg fahren. **d** Sie will nach Wien fahren. **e** Ihr wollt nach Mainz fahren. **f** Herr Muser will nach Freiburg fahren. **3** **a** muss; arbeiten **b** Willst; spielen **c** mag **d** soll; helfen **e** müssen; warten

UNIT 32

1 **a** konnte **b** wollte **c** durfte **d** mussten **2** **a** Ich wollte ins Konzert gehen. **b** Frau Kramer sollte im Büro arbeiten. **c** Sie konnten zu Hause bleiben. **d** Wir wollten meine Tante besuchen. **e** Er musste zur Bank gehen. **3** **a** wollte **b** sollten **c** mussten **d** musste **e** konnte **f** durfte

UNIT 33

1 **a** werden **b** werde **c** Wirst **d** wird **e** werden **2** **a** Klaus und Ines werden in Spanien sein. **b** Du wirst in Australien sein. **c** Ich werde in Italien sein. **d** Wir werden in China sein. **e** Franz wird in Frankreich sein. **f** Ihr werdet in England sein. **3** **a** Er wird um 11.15 Uhr nach Rom fliegen. **b** Er wird um 12.00 Uhr Herrn Sachs treffen. **c** Er wird um 14.00 Uhr auf die Messe gehen. **d** Er wird um 18.00 Uhr mit Frau Antonio essen. **e** Er wird um 21.00 Uhr ins Theater gehen.

UNIT 34

1 **a** mich **b** sich **c** sich **d** sich **e** uns **f** dir **2** **a** Elke putzt sich die Zähne. **b** Sie zieht sich an. **c** Sie kämmt sich das Haar. **d** Sie schminkt sich. **3** **a** Erika zieht sich eine Jeans an. **b** Ich ziehe mir ein Hemd an. **c** Elke zieht sich eine Jacke an. **d** Max zieht sich Schuhe an. **4** **a** Ich ziehe mich an. **b** Ich kämme mich. **c** Ich putze mir die Zähne. **d** Ich ziehe mir ein Hemd an. **e** Ich wasche mich.

UNIT 35

1 **a** 2 (regnet, gehe) **b** 4 (kommst, werden, spielen) **c** 1 (hat, macht) **d** 3 (bin, werde, kochen) **2** **a** Wenn er zu spät kommt, verpasst er den Zug. **b** Wenn ich Geld habe, werde ich eine Jacke kaufen. **b** Wenn sie nach Hause kommt, werden wir Kuchen essen. **3** **a** Wenn es morgen sonnig ist, geht er schwimmen. **b** Wenn es morgen windig ist, gehen wir nicht spazieren. **c** Wenn es morgen regnet, hört Mara Musik. **d** Wenn es morgen schön ist, gehe ich reiten.   **e** Wenn es morgen schneit, gehen Bernd und Klaus ins Kino.   **f** Wenn es morgen nebelig ist, bleibt Tina zu Hause.

UNIT 36

1   **a** Wenn ich in den Alpen wäre, würde ich einen Schlafsack mitnehmen.   **b** Wenn ich in den Alpen wäre, würde ich Wanderstiefel tragen.   **c** Wenn ich in den Alpen wäre, würde ich einen Rucksack mitnehmen.   **d** Wenn ich in den Alpen wäre, würde ich eine Regenjacke tragen.   **2**   **a** Wenn sie nach Freiburg kämen, würden sie ein Weinfest besuchen.   **b** Wenn sie nach Freiburg kämen, würden sie in den Schwarzwald fahren.   **c** Wenn sie nach Freiburg kämen, würden sie die Stadt besichtigen.   **d** Wenn sie nach Freiburg kämen, würden sie den Markt besuchen.   **e** Wenn sie nach Freiburg kämen, würden sie ins Theater gehen.   **3**   **a** Wenn er Zeit hätte, würde er nach Frankreich fahren.   **b** Wenn ich Zeit hätte, würde ich nach China fahren.   **c** Wenn wir Zeit hätten, würden wir nach Dänemark fahren.   **d** Wenn Marion Zeit hätte, würde sie nach Indien fahren.   **4**   **a** Wenn ich Geld hätte, würde ich in Urlaub fahren.   **b** Wenn ich Geld hätte, würde ich eine Wohnung kaufen.   **c** Wenn ich Geld hätte, würde ich nach Australien fliegen.   **d** Wenn ich Geld hätte, würde ich ein Boot kaufen.

UNIT 37

1   **a** möchte   **b** Könnten   **c** Würden   **d** Möchtest   **e** hätte gern   **2**   **a** Ich möchte gern Rinderrouladen.   **b** Michael hätte gern Hühnerfrikassee.   **c** Ich möchte gern gemischtes Eis.   **d** Michael hätte gern Apfelstrudel.   **3**   **a** Würden Sie bitte das Fenster schließen?   **b** Könnten Sie mir bitte das Wort erklären?   **c** Würden Sie mir bitte ein Bier bringen?   **d** Könnten Sie einen Moment warten?

UNIT 38

1   **a** Es gibt eine Lampe.   **b** Es gibt einen Schreibtisch.   **c** Es gibt einen Stuhl.   **d** Es gibt ein Telefon.   **e** Es gibt einen Stift.   **f** Es gibt eine Akte.   **2**   **a** Es regnet.   **b** Es ist windig.   **c** Es schneit.   **d** Es ist nebelig.   **3**   **a** Es ist ihr egal   **b** Es tut mir weh.   **c** Es ist kalt.   **d** Es tut mir Leid.

UNIT 39

1   **a** an   **b** fern   **c** auf   **d** statt   **e** ab   **f** zurück   **2**   **a** Wir steigen in Düsseldorf um.   **b** Er fährt nach Hameln zurück.   **c** Ich steige in der Burgstraße aus.   **d** Die Messe findet in Köln statt.   **e** Ich rufe dich morgen Abend an.   **3**   **a** Der Bus fährt um 11.15 Uhr ab.   **b** Er fährt um 15.00 Uhr zurück.   **c** Ich stehe um 6.30 Uhr auf.   **d** Sie ruft um 14.00 Uhr an.   **e** Der Bus kommt um 13.25 Uhr an.   **f** Der Deutschkurs findet um 19.30 Uhr statt.

UNIT 40

1   **a** 5   **b** 7   **c** 1   **d** 8   **e** 2   **f** 3   **g** 6   **h** 4   **2**   **a** beginnt   **b** verstehen   **c** verkauft   **d** übernachtet   **e** empfehlen   **3**   **a** übernachten   **b** bezahlt   **c** versteht   **d** übersetzt   **e** bestellt   **4**   **a** Ich übernachte in Berlin.   **b** Ich verstehe Deutsch.   **c** Frank verdient 2 000,- DM pro Woche.   **d** Herr Lenz verkauft Autos.

UNIT 41

1   **a** -en; zurückgefahren   **b** -t; aufgeräumt   **c** -t; kennengelernt   **d** -en; angekommen   **e** -en; eingestiegen   **f** -en; ausgestiegen   **g** -en; ferngesehen   **2**   **a** ein...   **b** auf...   **c** fern...   **d** aus...   **e** kennen...   **3**   **a** hat   **b** ist   **c** sind   **d** habe   **e** ist   **4**   **a** umgezogen   **b** eingeladen   **c** ferngesehen   **d** aufgestanden   **e** kennengelernt

UNIT 42

1 a verloren b versprochen c übernachtet d verkauft e entschieden f bezahlt
g bestellt **2** a Er hat 100,- DM verdient. b Der Film hat um 20 Uhr begonnen. c Wir
haben ein Fahrrad verkauft. d Ich habe ein Paket bekommen. e Sie hat im Hotel
übernachtet. f Hast du die Frage verstanden? **3** a Wir haben in Venedig übernachtet.
b David hat 20,- DM bezahlt. c Ich habe eine Torte bestellt. d Die Besprechung hat um
9.30 Uhr begonnen.

UNIT 43

1 a Ich lasse die Fenster putzen. b Er lässt den Film entwickeln. c Ich lasse meine
Augen untersuchen. d Frau Schmidt lässt das Zimmer streichen. e Ich lasse die Uhr
reparieren. f Du lässt die Schuhe reparieren. g Ich lasse mir die Haare schneiden.
2 a Lass b lässt c Lass d lasse e lassen f Lass

UNIT 44

1 a hatte b Hattest c war d hatte e haben f wart g waren **2** a Jens war
nach Paris gefahren. b Wir hatten Musik gehört. c Ich hatte meine Oma besucht.
d Annette war in Rom geblieben. e Karl und Liane hatten im Büro gearbeitet.
3 a gelesen hatte, ging b gehört hatten, gingen c gelesen hatte, blieb
d gewaschen hatte, besuchte

UNIT 45

1 a – b – c zu d – e – f – g – h zu **2** a Petra hat vergessen, Brot zu
kaufen. b Petra hat vergessen, Geld zu holen. c Petra hat vergessen, die Tür zu schließen.
d Petra hat vergessen, Uwe zu treffen. **3** a Er möchte nach Paris fahren, um den
Eiffelturm zu besichtigen. b Wir möchten nach Washington fahren, um das Weiße Haus zu
sehen. c Sie möchte nach Bayern fahren, um Schloss Neuschwanstein zu besichtigen.
d Ich möchte nach China fahren, um die Große Mauer zu besichtigen. e Sie möchten nach
Moskau fahren, um den Kreml zu sehen.

UNIT 46

1 a Er sagt, dass er ein Auto hat. b Sie sagen, dass sie in Mühlheim wohnen. c Er sagt,
dass er zwanzig Jahre alt ist. d Sie sagt, dass sie einen Hund und zwei Katzen hat. e Sie
sagen, dass sie samstags Fußball spielen. f Sie sagt, dass sie in einem Hotel im Schwarzwald
arbeitet. g Sie sagt, dass sie einen Freund in Hamburg hat. h Er sagt, dass er gern Galerien
in seiner Freizeit besucht. **2** a Er sagte, er sei für eine Woche in New York. b Er sagte,
er sei im Hotel Atlantis. c Er sagte, er habe ein Fernsehinterview.

UNIT 47

1 a Bananen werden auf dem Markt verkauft. b Jacken werden im Modegeschäft
verkauft. c Filme werden im Fotogeschäft verkauft. d CDs werden im Musikcenter
verkauft. **2** a Käse wird aus Milch gemacht. b Möbel werden aus Holz gemacht.
b Brot wird aus Mehl gemacht. d Wein wird aus Trauben gemacht. **3** a Mercedes
werden in Deutschland produziert. b Computer werden in Japan produziert. c Fernseher
werden in den USA produziert. d Motorräder werden in England produziert. e Ferraris
werden in Italien produziert. f Jeans werden in Taiwan produziert. g Peugeots werden in
Frankreich produziert.

UNIT 48

1 **a** wurde **b** wurden **c** wurde **d** wurden **2** **a** Der Bahnhof wurde 1902 gebaut. **b** Das Theater wurde 1893 gebaut. **c** Das Schloss wurde 1520 gebaut. **d** Der Palast wurde 1874 gebaut. **e** Das Museum wurde 1934 gebaut. **f** Die Kirche wurde 1487 gebaut. **g** Das Kloster wurde 1350 gebaut. **3** **a** von dem Briefträger **b** von Gottlieb Daimler **c** von Alexander Bell **d** von dem Elektriker

UNIT 49

1 **a** sie/er/ihr **b** wir/sie/Sie **c** er/ihr/sie **d** sie/Sie/wir **e** es **f** du **g** Sie/sie/wir **h** ihr/er/sie **2** **a** Er ist zu Hause. **b** Wir gehen in die Stadt. **c** Er spielt Volleyball. **d** Sie arbeiten in Berlin. **e** Sie wartet vor dem Haus. **f** Sie wohnt in der Talstraße. **g** Ihr könnt gehen. **3** **a** Sie ist sehr alt. **b** Er spielt im Garten. **c** Sie ist blau. **d** Es ist in der Stadt. **e** Er schmeckt gut. **f** Sie ist super.

UNIT 50

1 **a** 4 **b** 5 **c** 8 **d** 6/3 **e** 1 **f** 2 **g** 3/6 **h** 7 **2** **a** Wir treffen sie vor dem Bahnhof. **b** Ich habe ein Geschenk für ihn. **c** Ich muss ohne sie fahren. **d** Wann möchtet ihr essen? **e** Hast du sie gesehen? **3** **a** sie **b** sie **c** ihn **d** es **e** ihn **f** sie **g** ihn

UNIT 51

1 **a** mir **b** ihm **c** du **d** uns **e** Sie **f** euch **g** ihnen **h** es **2** **a** mir **b** ihr **c** ihm **d** ihnen **e** ihm **f** euch **3** **a** Es tut ihm Leid. **b** Es gefällt uns. **c** Wie geht es dir? **d** Es tut ihnen Leid. **e** Es gefällt ihr. **f** Wie geht es Ihnen?

UNIT 52

1 **a** Die Schwester, die in Aachen wohnt, ist Studentin. **b** Der Onkel, der in Kiel wohnt, ist Programmierer. **c** Die Tante, die in Hamm wohnt, ist Hausfrau. **d** Das Kind, das in Kaiserslautern wohnt, ist Schülerin. **e** Die Cousine, die in Hannover wohnt, ist Friseurin. **f** Der Neffe, der in Hamburg wohnt, ist Grafiker. **2** **a** Der Pullover, den ich gekauft habe, ist grün. **b** Das Hemd, das ich gekauft habe, ist gestreift. **c** Die Bluse, die ich gekauft habe, ist schwarz. **d** Der Mantel, den ich gekauft habe, ist braun. **e** Die Schuhe, die ich gekauft habe, sind blau. **f** Die Hose, die ich gekauft habe, ist schwarz. **3** **a** die **b** das **c** dessen **d** der **e** das

UNIT 53

1 **a** die **b** das **c** den **d** der **e** dem **f** dem **2** **a** Ich habe eine CD für meine Schwester. **b** Ich habe Socken für meinen Vater. **c** Ich habe Blumen für meine Mutter. **d** Ich habe ein Hemd für meinen Onkel. **e** Ich habe einen Teddybär für meine Cousine. **3** **a** Ich fahre mit dem Schiff. **b** Ich fahre mit dem Zug. **c** Ich fahre mit dem Fahrrad. **d** Ich fahre mit der Straßenbahn. **e** Ich fahre mit dem Flugzeug.

UNIT 54

1 **a** bis **b** um **c** für **2** **a** entlang **b** um **c** durch **d** bis **e** für **3** **a** eine **b** die **c** die **d** den

UNIT 55

1 **a** neben **b** hinter **c** gegenüber **d** vor **2** **a** aus **b** bei **c** mit **d** seit **e** von **f** zu

UNIT 56

1 **a** die Bäckerei; der Bäckerei **b** den Bahnhof; dem Bahnhof **c** das Kino; dem Kino **d** den Supermarkt; dem Supermarkt **e** die Stadt; der Stadt **f** das Theater; dem Theater
2 **a** auf dem **b** hinter dem **c** auf den **d** hinter den

UNIT 57

1 **a** die **b** die **c** dem **d** das **e** dem **f** dem; dem **g** der **h** die **2** **a** über der **b** vor die **c** vor der **d** neben der

UNIT 58

1 **a** zur **b** ans **c** vom **d** aufs **e** beim **f** im **g** zum **h** ins **2** **a** Ich gehe zum Friseur. **b** Er geht zum Hotel. **c** Wir gehen zur Post. **d** Du gehst zum Supermarkt. **e** Sie geht zur Metzgerei. **f** Ich gehe zur Schule. **g** Sie gehen zum Bahnhof. **3** **a** beim **b** zum **c** im **d** zur **e** ans **f** ins

UNIT 59

1 **a** 4 **b** 6 **c** 7 **d** 5 **e** 3 **f** 2 **g** 1 **2** **a** Zu Weihnachten **b** in Urlaub **c** aufs Land **d** Zu Ostern **e** Am Sonntag **f** nach Hause **g** zu Fuß **3** **a** vor einer Woche **b** Er ist zu Hause. **c** Sie fährt/geht nach Hause. **d** Er fährt ins Ausland. **e** Ich bin auf Dienstreise. **f** Wir gehen zu Fuß.

UNIT 60

1 **a** für **b** um **c** über **d** in **e** auf **f** auf **g** an **2** **a** auf **b** um **c** auf **d** um **e** an **f** auf **g** auf **3** **a** auf das **b** für die **c** auf den **d** auf das **e** über die

UNIT 61

1 **a** 9 **b** 10 **c** 1 **d** 7 **e** 6 **f** 3 **g** 8 **h** 2 **i** 4 **j** 5 **2** **a** beginnen mit einer **b** mit dem ... sprechen **c** gratulieren ... zum **d** lädt ...zu einem .... ein **e** verabschiede ... von meinen **3** **a** an **b** mit **c** mit **d** bei **e** zu **f** nach

UNIT 62

1 **a** groß; blond; groß; klein; ruhig; modern; freundlich; schlank; mittelgroß; warm; sonnig; lang; eng **2** **a** groß, traurig und gut gebaut **b** klein, schlank und hübsch **3** **a** Im Sommer ist es heiß und sonnig. **b** Im Herbst ist es kühl und regnerisch. **c** Im Winter ist es kalt und nebelig.

UNIT 63

1 **a** billige **b** alte **c** frischen **d** italienische **e** jungen **f** neue **2** **a** schwarze **b** neue **c** französischen **d** rote **e** alten **f** besten **3** **a** alten **b** schlechten **c** blauen **d** schweren **e** neuen

UNIT 64

1 **a** lange **b** kleiner **c** altes **d** neue **e** indisches **f** schlechte **g** linkes **h** schöner **2** **a** einen braunen Hut **b** eine gelbe Jacke **c** einen grünen Rock **d** eine braune Handtasche **e** ein rotes T-Shirt **f** eine blaue Mütze **g** ein kariertes Hemd **h** eine schwarze Hose **i** eine große Uhr **3** **a** neuen **b** intelligente **c** kleines **d** guten **e** alten

UNIT 65

1 **a** neues Bett; runder brauner Tisch; alte Kommode; großer Kühlschrank **b** Schöne, helle 2 Zi. Wohnung; sehr ruhige Lage, separates Klo; große Küche; neues Bad; kleiner Keller **c** Sympathische Frau; Schlanke, blonde, attraktive Frau; gutaussehenden, sportlichen, humorvollen Mann **2** **a** kurze, braune Haare. **b** schnelle Autos und große Hunde. **c** schlechtes Wetter **d** griechischen Käse und italienisches Eis **e** französischen Rotwein

UNIT 66

1 **a** Guten **b** Gute **c** Guten **d** Frohes Neues **e** Frohe **f** Herglichen **g** Gute **h** Guten **2** **a** Guten Abend! **b** Frohes Neues Jahr!/Guten Rutsch! **c** Herzlichen Glückwunsch zum Geburtstag! **d** Gute Nacht! **e** Schönes Wochenende! **f** Guten Appetit! **g** Guten Tag! **h** Vielen Dank **3** **a** Schöne Grüße **b** Mit freundlichen Grüßen **c** Schöne Grüße **d** Mit freundlichen Grüßen

UNIT 67 page 134

1 **a** 3 **b** 5 **c** 6 **d** 1 **e** 7 **f** 2 **g** 4 **2** **a** 3 (später) **b** 6 (älter) **c** 5 (besser) **d** 1 (langsamer) **e** 10 (stärker) **f** 7 (leiser) **g** 8 (interessanter) **h** 4 (ärmer) **i** 2 (kürzer) **j** 9 (größer) **3** **a** Der Rhein ist länger als die Themse. Die Themse ist nicht so lang wie der Rhein. **b** Eine Maus ist kleiner als eine Katze. Eine Katze ist nicht so klein wie eine Maus. **c** Ein Porsche ist schneller als ein Mini. Ein Mini ist nicht so schnell wie ein Porsche. **d** Der Everest ist höher als Ben Nevis. Ben Nevis ist nicht so hoch wie der Everest. **e** England ist kälter als Australien. Australien ist nicht so kalt wie England. **f** Indien ist ärmer als Amerika. Amerika ist nicht so arm wie Indien. **g** Mein Bruder ist älter als ich. Ich bin nicht so alt wie mein Bruder.

UNIT 68

1 **a** der kälteste Winter/der Winter ist am kältesten **b** die billigste Karte/die Karte ist am billigsten **c** die kleinste Katze/die Katze ist am kleinsten **d** der höchste Turm/der Turm ist am höchsten **e** das beste Restaurant/das Restaurant ist am besten **f** die jüngste Frau/die Frau ist am jüngsten **g** der kürzesteWeg/der Weg ist am kürzesten **2** **a** beste **b** höchste **c** älteste **d** kleinste **e** längste **f** beste **3** **a** Der Rhein ist der längste Fluss in Deutschland. **b** Der Everest ist der höchste Berg in dem Himalaya. **c** Alaska ist der kälteste Staat in Amerika. **d** August ist der wärmste Monat im Jahr.

UNIT 69

1 **a** Peter geht früher ins Bett als Konrad. **b** Peter singt besser als Konrad. **c** Konrad liest mehr als Peter. **2** **a** früher **b** besser **c** schlechter **d** mehr **e** schneller **f** später **3** **a** fährt am schnellsten. **b** arbeitet am besten. **c** kommt am spätesten. **d** wartet am längsten. **e** kocht am schlechtesten.

UNIT 70

1 **a** Er ist sechs Jahre alt. **b** Wir wohnen in einem Dorf. **c** Ich habe einen Hund. **d** Sie spielen gern Golf. **2** **a** Der Bus fährt um zehn Uhr nach Ulm. **b** Wir fliegen nächste Woche mit Julia nach Portugal. **c** Dirk war für zwei Wochen in Spanien. **d** Ich habe am Samstag im Park Tennis gespielt. **3** **a** ist … gefahren **b** kann … kaufen **c** wollen … besuchen **d** werde … arbeiten

UNIT 71

1 **a** Ich möchte nicht schwimmen gehen, sondern Golf spielen. **b** Ich trinke gern Kaffee und Tee mit Milch. **c** Ich wollte dich besuchen, aber ich musste zur Arbeit. **d** Willst du in die Kneipe gehen oder zu Hause bleiben? **e** Er fliegt im Winter nach Spanien, denn es ist dort wärmer. **f** Ich fahre entweder mit dem Zug oder mit dem Auto. **2** **a** aber **b** denn **c** und **d** entweder; oder **e** sondern **3** **a** Wir möchten in Urlaub fahren, aber wir haben kein Geld. **b** Er hat kein Auto sondern ein Motorrad. **c** Willst du nach Portugal oder Spanien fahren? **d** In meiner Freizeit fahre ich gern Rad oder ich gehe ins Kino. **4** **a** Ich kaufe entweder Schuhe oder (ich kaufe) eine Jacke. **b** Ich gehe entweder ins Theater oder (ich gehe) ins Jazzhaus. **c** Ich gehe entweder schwimmen oder ich spiele Tennis. **d** Ich fahre entweder nach Dortmund oder (ich fahre) nach Düsseldorf.

UNIT 72

1 **a** 4 **b** 6 **c** 8 **d** 1 **e** 7 **f** 3 **g** 5 **h** 2 **2** **a** Ich fahre nach Frankreich, weil ich Paris besuchen möchte. **b** Ich fahre nach Deutschland, weil ich Berlin besuchen möchte. **c** Ich fahre nach Griechenland, weil ich Athen besuchen möchte. **3** **a** Er hört jeden Tag Radio, während er frühstückt. **b** Ich gehe zum Arzt, wenn ich krank bin. **c** Er liest Zeitung, sobald er zu Hause ist. **d** Wir lernen Deutsch, weil wir nächstes Jahr nach Deutschland fahren. **4** **a** gegangen ist, hat … gekauft **b** gearbeitet habe, hat … angerufen **c** besucht habe, haben … gespielt

UNIT 73

1 **a** 3 **b** 5 **c** 6 **d** 1 **e** 2 **f** 4 **2** **a** Wo **b** Warum **c** Was **d** Was für **e** Wohin **f** Wie viel **3** **a** Wann kommt ihr? **b** Wo wohnt er? **c** Was hast du am Wochenende gemacht/gekauft? **d** Wie alt bist du? **e** Wie lange bleibt sie? **f** Wohin fahren Sie? **g** Wie viel kostet der Pullover?

UNIT 74

1 **a** Wer **b** Wen **c** Wer **d** Wen **e** Wen **f** Wer **2** **a** Wem **b** Wer **c** Wen **d** Wem **e** Wer **3** **a** Welche **b** Welcher **c** Welches **d** Welche **e** Welcher **f** Welches **g** Welchen

UNIT 75

1 **a** Liest du **b** Fährt Stefan **c** Kochst du **d** Hast du **e** Trinkst du **f** Spielst du **2** **a** Hast du Katrin gesehen? **b** Wann fahren wir nach Basel? **c** Was hast du gestern gekauft? **d** Was wollen wir am Samstag machen? **e** Was machst du morgen? **f** Du hast Zeit, oder? **g** Warum kommt er so spät? **h** Fahren wir nach Hamburg? **3** **a** Fährt der Zug nach Frankfurt? **b** Willst/Möchtest du ins Kino gehen? **c** Hast du Brot gekauft? **d** Was machst du?

UNIT 76

1 **a** Oliver schwimmt nicht gern. **b** Oliver fotografiert nicht gern. **c** Oliver geht nicht gern joggen. **d** Oliver geht nicht gern ins Kino. **e** Oliver spielt nicht gern Gitarre. **f** Oliver kocht nicht gern. **2** **a** Er ist nicht gekommen. **b** Gestern war es nicht sonnig. **c** Sie geht nicht zur Uni. **d** Morgen will ich nicht in die Kirche gehen. **e** Ich gehe nicht gern spazieren. **f** Er ist nicht in der Stadt. **g** Gehen Sie bitte nicht! **h** Wir wohnen nicht in Leipzig.

UNIT 77

1 **a** keine **b** kein **c** keine **d** kein **e** keinen **2** **a** Nein, danke. Ich möchte keine Schokolade. **b** Nein, danke. Ich möchte keinen Kaffee. **c** Nein, danke. Ich möchte kein Bier. **d** Nein, danke. Ich möchte keinenWein. **e** Nein, danke. Ich möchte kein Stück Kuchen. **f** Nein, danke. Ich möchte keinen Orangensaft. **3** **a** keine. **b** keinen. **c** keinen.

UNIT 78

1 a 7 b 4 c 1 d 4 e 3 f 10 g 8 h 2 i 6 j 5 **2** a Er repariert gerade das Auto. b Sie spielen gerade Karten. c Ich arbeite gerade im Garten d Sie sitzt gerade im Café. **3** a Heute Morgen spiele ich Tennis. b Heute Nachmittag arbeite ich im Büro. c Heute Abend sehe ich fern.

UNIT 79

1 a 3 b 4 c 1 d 5 e 2 **2** a Morgen Nachmittag spielt Roland Golf. b Morgen Abend geht Roland ins Kino. c Übermorgen besucht Roland Katja. d Nächsten Montag geht Roland zum Zahnarzt. **3** a Christian hat gestern im Garten gearbeitet. b Ich habe vorgestern einen Brief geschrieben. c Wir haben gestern Nachmittag einen Kuchen gebacken. d Ich bin letzte Woche nach Zürich gefahren.

UNIT 80

1 jeden Morgen (*every morning*); Meistens (*mostly*); manchmal (*sometimes*); nie (*never*); fast immer (*nearly always*); ab und zu (*now and again*); selten (*seldom*); Mittags (*at midday*); oft (*often*) **2** a morgens b mittags c nachmittags d Abends **3** a Rolf spielt einmal in der Woche Klavier. b Ich gehe selten ins Theater. c Ab und zu geht Ruth zum Markt. d Die Kinder spielen fast immer auf dem Spielplatz.

UNIT 81

1 a sieben plus zwei ist neun b elf plus fünf ist sechzehn c dreizehn minus eins ist zwölf d drei mal fünf ist fünfzehn e zweiunddreißig durch vier ist acht f fünf mal zwei ist zehn g achtzig minus zwanzig ist sechzig. **2** a drei b elf c zwölf d fünf e zwanzig **3** a vierundvierzig dreiundzwanzig dreißig b elf siebenundvierzig sechsundfünfzig c einundachtzig null neun zwo(zwei)undsechzig d dreiundneunzig zwölf fünfundsiebzig **4** a zehn, zwanzig, dreißig, vierzig, fünfzig, sechzig, siebzig, achtzig b zwei, vier, sechs, acht, zehn, zwölf, vierzehn, sechzehn, achtzehn c drei, sechs, neun, zwölf, fünfzehn, achtzehn, einundzwanzig, vierundzwanzig

UNIT 82

1 a 7 b 6 c 5 d 4 e 3 f 2 g 1 **2** a neunzehnhundertsechsundneunzig b neunzehnhundertdreiundsechzig c achtzehnhundertneunzig d neunzehnhundertsiebenundvierzig e neunzehnhundertfünfundfünfzig **3** a vierzehntausendeinhundert b neuntausenddreihundert c siebentausend d sechstausendsechshundert e zweitausendsechshundert f dreitausendeinhundert g viertausendfünfhundert

UNIT 83

1 a fünfte b achte c vierzehnte d zwanzigste e dritte f hundertste g zwölfte **2** a zwölfte b erste c zweite d erste e sechste f dritte g vierte h Zweite i millionste j tausendste **3** a siebte achte b siebenundzwanzigste elfte c einunddreißigste siebte d vierzehnte e sechsundzwanzigste fünfte neunzehnhundertneunundfünfzig f dritte neunte neunzehnhundertsechsundsechzig

UNIT 84

1 a Zweiundvierzig Prozent hören Musik. b Dreiunddreißig Prozent machen Gymnastik. c Vierundzwanzig Prozent fahren Rad. d Dreiundzwanzig Prozent gehen joggen. e Zweiundzwanzig Prozent spielen Tischtennis. f Fünfzehn Prozent spielen

Fußball. **g** Zehn Prozent lesen Bücher. **h** Acht Prozent lesen Zeitschriften. **i** Sieben Prozent gehen Essen. **2** **a** zweimal **b** viermal **c** dreimal **d** fünfmal **e** einmal **3** **a** null Komma sieben fünf **b** eins Komma drei acht **c** zweiundzwanzig Grad **d** ein Viertel **e** fünfeinhalb

UNIT 85

1 **a** Heute ist der sechste Juli. **b** Heute ist der zwölfte Januar. **c** Heute ist der erste Mai. **d** Heute ist der dritte Oktober. **2** **a** Am Dienstag, den ersten Januar **b** Am Samstag, den vierzehnten April **c** Am Mittwoch, den zweiten Mai **d** Am Freitag, den sechzehnten August **e** Am Sonntag, den dreiundzwanzigsten September **3** **a** vom ersten bis zum zehnten März **b** vom neunzehnten bis zum fünfundzwanzigsten Juli **c** vom dreißigsten November bis zum dritten Dezember

UNIT 86

1 **a** Zwei Kilo Bananen kosten vier Mark sechzig. **b** Zwei Pfund Möhren kosten zwei Mark fünfundzwanzig. **c** Fünfhundert Gramm Butter kosten eine Mark neunundneunzig. **d** Zwei Liter Milch kosten zwei Mark fünfzig. **2** **a** vier Zentimeter **b** siebzehn Millimeter, zwölf Millimeter **c** ein Meter, fünfzig Zentimeter **d** vier Quadratmeter **3** **a** Köln ist vierhundertfünfunddreißig Kilometer von Freiburg entfernt. **b** Saarbrücken ist fünfhundertzweiundvierzig Kilometer von Hannover entfernt. **c** Dortmund ist dreihundertfünfundvierzig Kilometer von Kaiserslautern entfernt. **d** Kiel ist siebenhundertneunzehn Kilometer von Karlsruhe entfernt. **e** München ist zweihundertzwanzig Kilometer von Stuttgart entfernt.

UNIT 87

1 **a** Es ist Viertel vor fünf/drei Viertel fünf. **b** Es ist sieben Uhr. **c** Es ist zehn nach fünf. **d** Es ist fünf nach sechs **e** Es ist zwanzig nach neun/zehn vor halb zehn. **f** Es ist zehn vor neun. **2** **a** Der Zug aus Gießen kommt um sieben Uhr vierzehn an. **b** Der Zug aus Leipzig kommt um fünfzehn Uhr siebenundzwanzig an. **c** Der Zug aus Oldenburg kommt um dreiundzwanzig Uhr neunundfünfzig an. **d** Der Zug aus Würzburg kommt um sechzehn Uhr fünfundfünfzig an. **e** Der Zug aus Koblenz kommt um achtzehn Uhr zweiundzwanzig an. **3** **a** sieben Stunden neunundzwanzig Minuten und acht Sekunden **b** vier Stunden sechzehn Minuten und achtunddreißig Sekunden **c** drei Stunden vierundvierzig Minuten und zwölf Sekunden

GLOSSARY OF
GRAMMATICAL TERMS

accusative case The accusative case is used for the direct object in a sentence,
e.g. **Dirk kauft den Pullover** (*Dirk buys the pullover*). (See also CASE.)

adjective An adjective is a word which describes a noun,
e.g. **Er ist klein** (*He/It is small*), **eine lange Straße** (*a long street*).

adverb An adverb describes a verb, e.g. **er fährt langsam** (*he drives slowly*).

article See DEFINITE ARTICLE, INDEFINITE ARTICLE.

case There are four cases in German: nominative, accusative, dative and genitive.
Case shows the role of nouns in a sentence. The nouns, pronouns, articles,
determiners and adjectives in a sentence change by taking endings in the different
cases. (See also NOMINATIVE CASE, ACCUSATIVE CASE, GENITIVE CASE, DATIVE CASE.)

clause See MAIN CLAUSE, SUBORDINATE CLAUSE.

co-ordinating conjunction See CONJUNCTION.

comparative The comparative form of the adjective is used to make comparisons,
e.g. **das Auto ist schneller** (*the car is faster*). (See also ADJECTIVE.)

compound noun A compound noun is made up of two or more nouns,
e.g. **der Regenschirm = der Regen + der Schirm** (*umbrella*).

conjunction A conjunction is a linking word between two sentences or parts of a
sentence, e.g. **und** (*and*), **oder** (*or*). After a co-ordinating conjunction, the word
order in the sentence does not change. A subordinating conjunction sends the verb
to the end of the clause, e.g. **Als ich nach Hause kam, ...** (*When I came home ...*).

dative case The dative case shows the indirect object of the sentence,
e.g. **Ich gebe meiner Mutter ein Geschenk** (*I give my mother a present./I give a
present to my mother*). (See also CASE.)

definite article The definite article is the word for *the* (**der, die, das**).

determiner A determiner comes before a noun and tells you the gender of the
noun and whether the noun is singular or plural. There are several types of
determiner in German, such as the definite article, the indefinite article, the
possessives and words such as **dieser** (*this*) and **welcher** (*which*).

future tense The future tense describes something that will happen in the future,
e.g. **ich werde gehen** (*I will go*).

gender Gender refers to the categories which nouns are divided into. There are
three genders in German: masculine, feminine and neuter. Nouns belong to one of
these groups, e.g. **der Bahnhof** (*station*) is masculine; **die Küche** (*kitchen*) is
feminine; **das Haus** (*house*) is neuter.

genitive case The genitive case shows possession,
e.g. **das Auto des Mannes** (*the man's car/the car of the man*). (See also CASE.)

195

imperative The imperative is the command form and is used for requests and instructions, e.g. **Sei ruhig!** (*Be quiet*).

indefinite article The indefinite article is the word for *a* (**ein, eine, ein**).

infinitive The infinitive is the form of the verb you will find in the dictionary. Nearly all infinitives end in **-en** in German, e.g. **spielen** (*to play*).

inseparable verb Inseparable verbs have two parts, but the prefix does not separate from the rest of the verb, e.g. **bezahlen** (*to pay*). (See also SEPARABLE VERBS.)

interrogative An interrogative is a question word, e.g. **wer?** (*who?*), **was?** (*what?*).

irregular verb There are a few irregular verbs in German, e.g. **haben** (*to have*) → **er hat** (*he has*), **sein** (*to be*) → **ich bin** (*I am*).

main clause A sentence has a main clause which contains a verb, e.g. **Er geht zur Arbeit** (*He goes to work*). (See also SUBORDINATE CLAUSE.)

mixed verb A small group of verbs are called mixed verbs. They change their stem in the past like strong verbs, but the past participle ends in **-t** like weak verbs, e.g. **bringen** (*to bring*) → **ich brachte** (*I brought*).

modal verb Six verbs in German are called modal verbs: **dürfen, können, mögen, müssen, sollen** and **wollen**. They are used with other verbs to make requests, ask permission, etc.

nominative case The nominative case shows the subject of the verb in a sentence, e.g. **Der Mann trinkt Wein.** (*The man is drinking wine*). (See also CASE.)

noun A noun is used to name or identify a person, an animal, a place or an idea, e.g. **eine Frau** (*a woman*), **der Hund** (*the dog*), **München** (*Munich*), **die Idee** (*the idea*). (See also COMPOUND NOUN, WEAK NOUN.)

past participle The past participle shows that something is completed and is used together with other verbs in certain tenses, e.g. **ich habe gebaut** (*I have built*). (See also PERFECT TENSE, PAST PERFECT TENSE.)

past perfect tense The past perfect tense, also known as the pluperfect tense, describes something that had happened before something else in the past, e.g. **ich war gegangen** (*I had gone*).

perfect tense The perfect tense describes something that has happened in the past, e.g. **ich bin gegangen** (*I have gone/I went*).

personal pronoun See PRONOUN.

pluperfect tense See PAST PERFECT TENSE.

plural See SINGULAR AND PLURAL.

possessives Possessives show who something belongs to, e.g. **mein** (*my*), **ihr** (*her*): **mein Hund** (*my dog*).

preposition Prepositions indicate the position of people or things, or indicate time, e.g. **in der Kirche** (*in church*), **für eine Woche** (*for a week*).

present tense The present tense describes what is going on now, e.g. **ich gehe** (*I go/I'm going*).

pronoun A pronoun replaces a noun. A personal pronoun refers to a person or a thing, e.g. **ich** (*I*), **du** (*you*), **es** (*it*). A relative pronoun expresses *who, which* or *that*, e.g. **das Haus, das** ... (*the house that/which* ...)

reflexive verb A reflexive verb describes a person or thing doing something to himself/herself/itself, e.g. **ich wasche mich** (*I wash myself*).

regular verb See WEAK VERB.

relative pronoun See PRONOUN.

reported speech See SUBJUNCTIVE.

separable verb Separable verbs have two parts. The prefix (at the front) separates from the rest of the verb and goes to the end of the sentence,
e.g. <u>an</u>**kommen: der Zug <u>kommt an</u>** (*the train arrives*).

simple past tense or *imperfect tense* The simple past tense describes something that happened in the past, e.g. **ich ging** (*I went*).

singular and plural Singular refers to one person, thing, etc.,
e.g. **die Frau** (*the woman*), **eine Katze** (*a cat*); plural refers to more than one person, thing, etc. e.g. **die Männer** (*the men*), **drei Taxis** (*three taxis*).

stem See VERB STEM.

strong verb Strong verbs do not always follow a regular pattern. The stem often changes and they take different endings from weak verbs (except in the present tense), e.g. **fahren** → **er fährt, er fuhr** (*he goes, he went*).

subjunctive The subjunctive form of the verb is used in conditions to express what might happen, e.g. **wenn ich Geld <u>hätte</u>** (*if I had money*). It is used in some polite requests, e.g. **Ich <u>möchte</u> einen Kaffee** (*I'd like a coffee*). It is also used in reported speech to report what someone said, e.g. **Er sagte, er <u>sei</u> in Rom** (*He said he was in Rome*).

subordinate clause A sentence can also have one or more subordinate clauses. This clause is introduced by a subordinating conjunction which sends the verb to the end, e.g. **Ich esse Schokolade, <u>weil ich Hunger habe</u>** (*I'm eating some chocolate because I'm hungry*).

subordinating conjunction See CONJUNCTION.

superlative The superlative form is used in comparisons to express *the most* or *the least* etc., e.g. **der <u>höchste</u> Turm** (*the highest tower*). (See also ADJECTIVE, COMPARATIVE.)

tense Tense e.g. present, past, future tense, indicates the time an action takes place. (See also PRESENT TENSE, PERFECT TENSE, SIMPLE PAST TENSE, PAST PERFECT TENSE, FUTURE TENSE.)

umlaut An umlaut is the two dots sometimes placed over the vowels **a**, **o** or **u**, e.g. **er <u>fährt</u>** (*he travels, drives*), **die S<u>ö</u>hne** (*sons*), **das B<u>ü</u>ro** (*office*).

verb Verbs describe actions, feelings and states,
e.g. **gehen** (*to go*), **denken** (*to think*), **sein** (*to be*).

verb stem The part of the infinitive without **-en** is called the stem. Verb endings are added to this stem, e.g. the stem of **kaufen** (*to buy*) is **kauf-**.

weak noun Some masculine (**der**) words add an **-n** or **-en** ending in certain cases. They are called weak nouns, e.g. **den Jungen** (*the boy*), **den Elefanten** (*the elephant*).

weak verb Most verbs in German are regular and are known as weak verbs. The stem of a weak verb does not change,
e.g. **kaufen** → **ich kaufe, ich kaufte** (*I buy, I bought*).

USEFUL VOCABULARY

die **Anwältin** (-nen) *lawyer (f.)*
der **Arzt** (-̈e) *doctor*
aufpassen *to look after*
die **Ausstellung** (-en) *exhibition*

die **Bäckerei** (-en) *baker's*
das **Bad** (-̈er) *bath(room)*
baden *to bathe, to swim*
die **Bauchschmerzen** *stomach ache*
der **Bauernhof** (-̈e) *farm*
der **Becher** (-) *pot*
das **Bein** (-e) *leg*
der **Berg** (-e) *mountain*
der **Besuch** (-e) *visit*
besuchen *to visit*
das **Bett** (-en) *bed*
bleiben *to stay*
die **Blume** (-n) *flower*
die **Bluse** (-n) *blouse*
der **Brief** (-e) *letter*
die **Briefmarke** (-n) *stamp*

der **Chef** (-s) *boss*
die **Cousine** (-n) *cousin (f.)*

der **Deutschkurs** (-e) *German course*
die **Dose** (-n) *tin*
duschen *to have a shower*

entwickeln *to develop*
die **Erbse** (-n) *pea*
die **Erdbeere** (-n) *strawberry*
erklären *to explain*
das **Essen** (-) *meal*

die **Fähre** (-n) *ferry*
faul *lazy*
das **Fernsehinterview** (-s) *TV interview*
die **Fete** (-n) *party*

das **Filmfest** (-e) *film festival*
die **Flasche** (-n) *bottle*
die **Friseurin** (-nen) *hairdresser (f.)*
der **Frühling** (-e) *spring*
das **Frühstück** (-e) *breakfast*
der **Fußballplatz** (-̈e) *football pitch*

die **Galerie** (-n) *gallery*
das **Gebäude** (-) *building*
gemischt *mixed*
der **Geschäftsmann** (-̈er) *businessman*
die **Geschichte** (-n) *story, history*
die **Geschwister** *brothers and sisters*
das **Getränk** (-e) *drink*
das **Glas** (-̈er) *glass, jar*
der **Grafiker** (-) *graphic designer*
die **Großmutter** (-̈) *grandmother*
der **Großvater** (-̈) *grandfather*
die **Gruppe** (-n) *group*

der **Hafen** (-̈) *port*
das **Hallenbad** (-̈er) *indoor pool*
die **Halsschmerzen** *sore throat*
hassen *to hate*
hell *light, bright*
der **Honig** *honey*
die **Hose** (-n) *trousers*
die **Hühnerfrikassee** (-s) *chicken fricassee*

die **Kantine** (-n) *canteen*
kaputt *broken*
die **Karte** (-n) *ticket, card*
der **Käse** (-) *cheese*
das **Kaufhaus** (-̈er) *department store*
der/das **Keks** (-e) *biscuit*
der **Keller** (-) *cellar*
der **Kellner** (-) *waiter*
der **Kinderspielplatz** (-̈e) *playground*

das **Kleid** (-er) *dress*
das **Klo** (-s) *loo, toilet*
das **Kloster** (-) *monastery*
die **Kneipe** (-n) *pub*
der **Koch** (-̈e) *chef*
die **Kolleginnen** *female colleagues*
die **Kommode** (-n) *chest of drawers*
krank *ill*
das **Krankenhaus** (-̈er) *hospital*
der **Krimi** (-s) *thriller*
der **Kuchen** (-) *cake*
die **Küche** (-n) *kitchen*
der **Kühlschrank** (-̈e) *fridge*
der **Kunde** (-n) *customer*

die **Lage** (-n) *position*
das **Lamm** (-̈er) *lamb*

der **Mantel** (-̈) *coat*
der **Markt** (-̈e) *market*
der **Mechaniker** (-) *mechanic*
das **Meer** (-e) *sea*
das **Mehl** (-e) *flour*
die **Messe** (-n) *trade fair*
mischen *to mix*
die **Möbel** (*pl.*) *furniture*
modisch *fashionable*
die **Mütze** (-n) *cap*

der **Neffe** (-n) *nephew*
der **Nuss** (-̈e) *nut*

das **Obst** *fruit*
der **Onkel** (-) *uncle*
der **Ordner** (-) *file*
die **Osterhase** (-n) *Easter bunny*

die **Packung** (-en) *packet*
der **Palast** (-̈e) *palace*
der **Patient** (-en) *patient*
das **Portemonnaie** (-s) *wallet*

die **Rechnung** (-en) *bill*
reden *to talk*
der **Regenschirm** (-e) *umbrella*
die **Rinderroulade** (-n) *rolled filled beef*
die **Rückenschmerzen** *backache*

ruhig *quiet, peaceful*
rühren *to whisk*

der **Schal** (-e) *scarf*
schälen *to peel*
das **Schloss** (-̈er) *castle, palace*
der **Schlüssel** (-) *key*
schneiden *to cut*
das **Schuhgeschäft** (-e) *shoe shop*
schwer *heavy, serious*
die **Sonnenblume** (-n) *sunflower*
der **Spielplatz** (-̈e) *playground*
das **Spielzeug** *toy*
das **Stadtzentrum** (-zentren) *town centre*
der **Stift** (-e) *pen*
der **Stock** (-̈e) *floor*
der **Strand** (-̈e) *beach*
die **Straßenbahn** (-n) *tram*
streichen *to paint*

die **Tablette** (-n) *tablet, pill*
die **Tante** (-n) *aunt*
die **Teekanne** (-n) *teapot*
das **Telefonbuch** (-̈er) *telephone directory*
der **Teppich** (-e) *carpet*
der **Termin** (-e) *appointment*
die **Tochter** (-̈) *daughter*
die **Traube** (-n) *grape*
das **Tunesien** *Tunisia*
der **Turm** (-̈e) *tower*

die **Uhr** (-n) *clock, watch*
der **Unfall** (-̈e) *accident*
untersuchen *to check*
der **Urlaub** (-e) *holiday*

verkaufen *to sell*
verpassen *to miss*
verzieren *to decorate*

der **Weg** (-e) *way*
die **Wohnung** (-en) *flat*

die **Zahnschmerzen** (*pl.*) *toothache*
die **Zwillinge** *twins*

INDEX

The numbers in the index are unit numbers.